JN061620

後悔しない住まいづくり

住まいの耐久性
大百科事典
Ⅱ

一般社団法人 住まいの屋根換気壁通気研究会　編

はじめに

　一般社団法人「住まいの屋根換気壁通気研究会」は、木造住宅の雨仕舞、防水、防露、劣化対策に関心を寄せる学識経験者、設計および工事の実務者、住宅と外皮構成部材の開発・製造の実務者からなる会員が、耐久性に関して横断的に討議し、成果や知見を公表する団体です。

　このたび、住まいの耐久性大百科事典の第Ⅱ巻を出版できたことは、本研究会にとって大変うれしいことです。2019年に発行した第Ⅰ巻は、「大変役に立つ」、「この事典で初めて木造建築の耐久性の問題点を認識した」など、好評をいただき、すでに増し刷りの運びになりました。それだけ住まいの耐久性に関心を持つ読者層の厚みを実感する次第です。

　本書の項目では第Ⅰ巻で収録できなかった住宅外皮の部位、部材とその納まりについての基礎知識と耐久性のポイントを充実させました。多岐にわたる項目の執筆には、住宅および外皮構成部材の開発と製造、あるいは瑕疵の調査の実務に携わる多くの本会会員にご協力いただきました。執筆のための打ち合わせや頂いた原稿からはそれぞれの業務において、住宅の耐久性向上にかける熱い思いが伝わってきました。紙数の関係で多くを割愛せざるを得なかったことを申し訳なく思っております。

　また、本書では外皮の不具合の実態と発生要因、抑制の方策にも多くのページを割きました。他にも、2016年に本会で実施した実証棟を用いた実験に関わるその後の研究成果と、住宅外皮の換気・通気部材に関する資料を収録しました。

　第Ⅰ巻とともに本書が耐久性に優れた家づくりの一助となり、日本の住宅の長寿命化に役立つことを願っています。

　2021年5月吉日
　　　　一般社団法人　住まいの屋根換気壁通気研究会理事長　神戸睦史

目　次

第1章　住宅外皮の基礎知識

第2章　屋根構造の基礎知識

第3章　外壁・バルコニー構造の基礎知識

第4章　屋根の部材と耐久性のポイント

第8章　換気・通気用の部材と耐久性のポイント

第9章　住宅外皮の不具合と早期劣化はどう防ぐ？

第10章　木造住宅の耐久性向上への取り組み（その2）

資料編

住宅外皮の基礎知識

外皮

外皮とは

　住宅において、外皮とは居住空間を包み込む外周部の構造の総称です。ここで外周部とは具体的には屋根、外壁、床下（基礎を含む）を指します。

　外皮の構造は建物の種類によって様々です。たとえば倉庫や工場の屋根や壁では、スレートの波板一枚が外皮を構成する場合もありますが、木造住宅では屋根や外壁の内側に天井や内壁などの内装があり、また中間には下地材や断熱材が組み込まれているのが普通です。この場合、屋根であれば天井面から屋根葺き材の外面まで、外壁であれば内壁面から外壁仕上げの表面までの全部を外皮と考えます。

　一般的な木造住宅では躯体の内外全面に外装と内装を行い、躯体が見えない構造形式（構造形式の分類では大壁形式と呼びます。第Ⅰ巻P96）がほとんどです。この形式では躯体が外皮に内包されることになり、住宅の耐久性上最も重要な躯体の劣化に、外皮の構造や仕様が深く関わることにつながっています。

住宅の耐久性と外皮の関わり

　木造住宅の耐久性をおびやかす最大の敵は水分です。これは木材に一定以上の水分が含まれた状態が長期間継続すると、建物内外に存在する木材腐朽菌の生育に好適な条件となり、腐朽が発生するためです。

　住宅内外の水分の行き来をコントロールする役割を負っているのが外皮です。外皮は住宅内外の仕切りとなる存在です。住宅の外部環境における水分の要因として、雨、雪その他の降水があり、更にこれらの水分を外皮に吹き付け、押し込む要因として風があります。外皮の構造が不適切であると雨水が外皮内部に浸入します。雨水が浸入する形態や仕組みは様々ですが、浸入量や頻度が大きい場合、これらの水分によって外

皮内の木材の長期湿潤がもたらされます。

　また、住宅内外の温度差に応じて、外皮内の各部材の表面温度は高いところから低いところまで連続的に変化します。たとえば、冬期、住宅内が暖房されていると外皮内の温度は断熱材の室内側の部分は高く、外部側の温度は低くなります。逆に夏期、特に外皮表面が日射熱を受けるような条件では、温度の分布は逆転します。低温になる部分の表面温度が外皮内の空気の含む水蒸気量に応じて一定の温度（露点温度）以下になるとそこで結露が発生します。この結露水もまた、量や頻度が大きい場合、外皮内の木材の長期湿潤をもたらします。

　外皮内の空気の水蒸気量を高める要因には、地中の水分、建設時に構成材が含有する水分、調理や入浴などを含め、室内で発生する水蒸気、外皮内に浸入し、滞留・保持された雨水などがあります。これらが外皮内に入り込むかどうかには外皮の構造や仕様、および施工方法の適切さが関わっています。

外皮の構成

　外皮の構成部材は、それぞれが果たす役割によっていくつかの層に分けることができ、また各層の間にはこれらを相互に緊結、接合する部材があります。表1-1は屋根および外壁について、表1-2は床下について、外皮を層に分解した構成を示します。

表1-1　屋根および外壁の層構成

No.	外皮を構成する層	役割
1	外装材層	外部環境因子の作用から外皮内部および室内を保護する
2	外装材支持層	外装材を支持し、作用荷重や外力を躯体に伝達する
3	二次止水層	外装材層から浸入した雨水等を躯体層より室内側に到達させない
4	躯体層	建物各部の作用荷重・外力を安全に支持し、地盤に伝える
5	断熱層	外皮面への輻射熱および内外の気温差による伝熱を遮断する
6	防湿層	外皮の高温側（通常は室内）の湿気を外皮内部に浸入させない
7	内装材支持層	内装材を支持し、作用荷重や外力を躯体に伝達する
8	内装材層	居住環境を形成し、室内環境因子の作用から外皮内部を保護する

表1-2　床下の層構成

No.	外皮を構成する層	役割
1	防湿層	地中の湿気を外皮内部および室内に浸入させない
2	土間コンクリートまたは基礎スラブ	躯体を支持するとともに外部環境因子の作用から外皮内部および室内を保護する
3	躯体層	床面への作用荷重を安全に支持し、地盤に伝える
4	断熱層	内外の気温差による伝熱を遮断する
5	床下張り層	床仕上げ材を支持し、作用荷重を躯体に伝達する
6	床仕上げ材層	居住環境を形成し、室内環境因子の作用から外皮内部を保護する

　表では、どの構造形式の外皮にも当てはまるように、考えられる全ての層を示しましたが、構造形式によっては省略される層もあります。また、表では最外面に位置する層を上に、順次内面に向かって下に示しましたが、この順序も標準的なもので、構造形式によっては層の位置が逆転したり、複数の層が同じ位置に並んだりすることもあります。

　表の層構成の表現だけでは抽象的で分かりにくいと思われるので、図1-1～図1-3に、一般的な外壁、屋根、床下の部材構成の例を示しました。

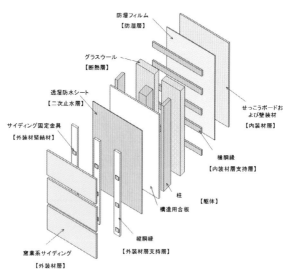

図1-1　外壁の構成例
（国総研資料第975号第Ⅱ章より。図1-2、1-3も同じ）

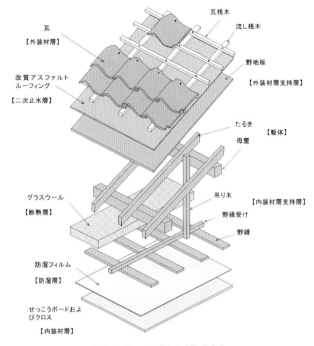

瓦桟木
流し桟木
瓦
【外装材層】
野地板
改質アスファルトルーフィング
【外装材層支持層】
【二次止水層】
たるき
【躯体】
母屋
グラスウール
吊り木
【断熱層】
【内装材層支持層】
野縁受け
野縁
防湿フィルム
【防湿層】
せっこうボードおよびクロス
【内装材層】

図1-2　屋根の構成例

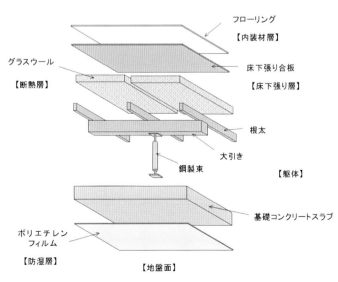

フローリング
【内装材層】
グラスウール
床下張り合板
【断熱層】
【床下張り層】
根太
大引き
鋼製束
【躯体】
基礎コンクリートスラブ
ポリエチレンフィルム
【防湿層】
【地盤面】

図1-3　1階床の構成例

開口部

　窓、出入口などを設けるために壁、屋根を切欠いた部分。広い意味では屋内のドア、換気口なども含みますが、通常は外皮の開口を指します。1軒の住宅に平均20以上の開口部があります。雨漏りなど事故が多い部分ですが、それだけ多く設けられているため、トラブル件数が多くなるのはある程度仕方のないことといえるでしょう。

　開口部には、光、空気、外の景色を取り込む役割があります。採光については建築基準法で規定があります。住宅の居住部のために使用されるものは、床面積の7分の1。天窓の場合は3倍換算になります。それだけ採光が取れない場合は納戸として計画するしかありません。

　換気については、窓を閉じていても換気ができるシステムが普通になってきているので、開口部の役割としては薄れつつあります。

　木造住宅の開口部は、基本的に柱、まぐさ、窓台など開口周辺の躯体部材、枠、枠にはめ込む建具（サッシ、ドア）から構成されます（図1-4）。出窓は枠と建具の面を外壁面より外部側に持ち出したものです。

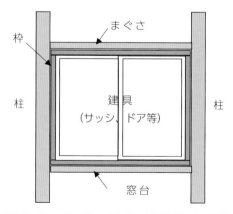

図1-4　開口部の構成（木造外壁の例）

建具の開閉形式は様々ですが、基本的には面内方向に動くスライド形式と、面外に動く開き形式、これらを組み合わせたすべり出し形式に分類されます。枠に直接採光部材を取り付けたものは、FIX（はめ殺し）形式と呼ばれます。

開口部の問題点は、まず躯体を切欠くために当然構造耐力上の弱点になることです。このため、住宅の平面計画では、開口部のない耐力壁の量を十分確保するとともにそれを適正に配置することが重要です。また、開口の隅角部は応力が集中するので、地震などの外力で建物の変形が起きるとひび割れが発生しやすい位置になります（写真1-1）。

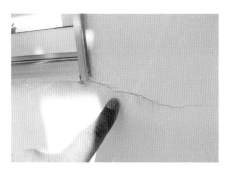

写真1-1　外壁モルタル仕上げの開口部のひび割れ

次に、開口部まわりは統計上、住宅で一番雨漏りが多い場所です。壁の二次止水層が不連続になり、枠との防水処理が不完全になりやすいためです。

また、近年窓の断熱性能が上がって二重ガラス、三重ガラスなどが使われるようになり、その重さで変形などの不具合が起きやすく、その対策が必要になります。

昔の住宅には、必ず雨戸がついていました。ある時点から雨戸はあまり設けられなくなりましたが、そこで問題になるのが台風時の飛来物被害です。ガラスが割れて開口部が破られると風が吹き込みます。その逃げ場がないので屋根が飛ばされてしまうという被害が、最近あちこちで目立っています。南九州など、台風の進路になりやすい地域では開口部

の飛来物対策は必須です。近年は雨戸に代わってシャッター付き開口部がスタンダードになりつつあります。

取り合い部

　住宅外皮の異種の部位が交わる部分、あるいは同一面内で連続する部分。前者の例には屋根と外壁の取り合い部、後者の例には外壁と開口部の取り合い部などがあります。二次止水ラインが不連続になり、複雑な納まりが多くなるので不具合が起きやすい箇所です。住宅の雨漏り事故の原因箇所に関する調査でも、屋根面や壁面などの平（ひら）部に比べて、取り合い部の占める割合が圧倒的に大きくなっています。

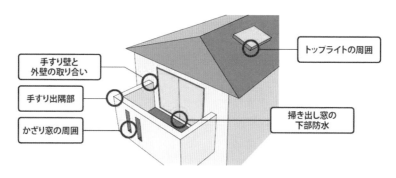

図1-5　雨漏りが発生しやすい取り合い部の一例

屋根と外壁の取り合い

屋根と外壁が取り合う形態には次の2種類があります。
1. 下階の屋根（下屋）が上階の外壁と取り合う
2. 外壁の上部が上にある屋根と取り合う

　一般に問題が多いのは1のケースで、これは上階の外壁を濡らす雨水や屋根面を流れる雨水が屋根の壁際に集中するためです。このため壁際に雨押えや捨て水切りなどの部材を用いて雨水を処理する工夫が必要になります。特に問題が多いのは下屋の軒先が直交する外壁と取り合う箇所（壁止まり軒部、P38）で、壁際を流れる雨水が軒先部で外壁の内部に浸入するリスクが高いためです。

　2のケースは、以前は外壁面から屋根の軒の出を大きく取るのが普通だったため、あまり問題はありませんでした。屋根と壁の工事は別の職種が担当するので、下地の防水処理も不連続になりますが、軒の出が大きい場合は不連続箇所に雨が当たらず、また軒天井に設ける換気口も直接風雨にさらされることが少なかったためです。

　近年、建物のデザインの変化と土地の利用の仕方の変化に伴い、住宅の形状も住宅の取得者のニーズに合う外観に変化してきました。また、近隣との距離が狭い狭小敷地では3階建てなど敷地ギリギリに建てられるようになり、隣家との干渉が少なくなるよう軒の出が小さくなってきました。（第I巻「軒ゼロ」参照）

写真1-2　狭小宅地に建設する3階建て住宅

　軒の出がない住宅の屋根と外壁の取り合い部には、軒の出が大きい住宅と異なる雨仕舞の工夫が必要になります。最近ではこのような取り合い部に用いる様々な専用の役物や換気部材が開発され、それらを活用することによって雨漏りさせずに小屋裏換気をとることができる仕組みもできています（図1-6）。

　最近普及しているキューブ型住宅（第Ⅰ巻P26）では屋根がパラペット納めになるため、1のケースと同様の問題が起きます。

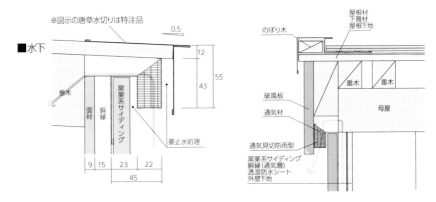

図1-6　軒の出が無い屋根と外壁取り合い部の例

　2のケースでは、外装材の取り合いの他に、外壁の防水シート等の軒天の上への張り上げについても正しい施工がポイントになります。防水シート等は内部で屋根の垂木（たるき）の下端まで立ち上げ、壁内や天井への雨水の浸入を防ぎます。

外壁と開口部の取り合い

　昔の建具は木製で、今の住宅のように気密性がなく隙間風が吹く家が普通でした。木製建具は雨水にあたれば劣化につながりますので、窓庇で雨がかりを少なくし、開口下端と外装材の取り合い部には水切りを入れることが不可欠でした。

　現在の開口部の建具はアルミや樹脂など腐食しにくい材料に変化し、

雨水に対抗できる素材であり窓庇を設けることも少なくなりました。取り合い部も外壁仕上げとサッシが直接取り合う形に変わっています。

外壁仕上げは、サイディング仕上げを主とする乾式仕上げとモルタル仕上げを主とする湿式仕上げに分類されます。乾式仕上げでは、通気構法を前提とし、サッシまわりには片ハットジョイナーを取り付け、シーリングで防水処理するのが標準です。一方、湿式仕上げの場合は、外壁にモルタルを塗って仕上げるのでサッシまわりの処理が個々の職人の腕に委ねられるのが現状です。サイディング仕上げのように通気構法やシーリング施工を標準にしていないため直塗りとなり、取合い部分の一次防水が適切に施工されていないこともあります。

いずれの仕上げの場合も、外壁の二次止水層（透湿防水シート、アスファルトフェルトなど）とサッシ枠の間の防水処理が重要です。防水処理が不完全な場合、壁内に浸入した雨水で下地や躯体の木部の腐朽が発生しやすく、現在の気密化が進んだ住宅では、木部構造材の交換などを含めた補修になり、補修に要する費用も高額になってきています。

写真 1-3　開口まわりに雨水が浸入して木部まで腐食した事例

サッシ枠と透湿防水シートの防水処理に関して、海外で多い施工方法は、シートを最初に全部張ってから枠をつける先張り方式です。窓枠に水切りを入れて裏に回った水を出します。

日本では先に枠を取り付け、後張りした透湿防水シートとの間を防水

テープで防水処理していく施工法が一般的です。いずれの方法でも使用部材の正しい納まりと入念な施工がポイントです。

　現在、日本の住宅で用いられるサッシは、躯体の開口部の外側から取り付け、枠の一部が外部側に突き出る、半外付けタイプがほとんどです。このタイプのサッシでは、上部の壁面から浸入し、外装材の裏面や通気層内部を流下してきた雨水がサッシの上枠にせき止められ、室内に雨漏りする事例も多くみられます。このような雨漏りを防ぐには枠と防水シートの防水処理を完全に行うとともに、水切りなどによる窓上の排水処理を行うことも有効です。

　出窓もトラブルが多い部位です。出窓には現場で大工がつくるものと、出窓サッシなどの既製品があります。雨がかりが多くなる出窓上部は、本来、屋根と同等の防水対策が必要とされます。壁との取り合いをシールだけで処理している出窓もありますが、雨押さえなどの部材を適切に使用して、しっかり防水処理をすることが重要です。また、現場施工の出窓では、窓の重さを支えきれず、経年変化で出窓の先端部が下がってきて雨水が浸入する（お辞儀をする）トラブルがあります。

バルコニー床面と出入口の取り合い

　バルコニーでよく見られるのが、室内から出入りする開口部の下端から雨水が浸入するケースです。通常の開口部では突出したサッシの上端から直接雨水が浸入するケースが多いのですが、バルコニーの場合はバルコニー床面で跳ね返った雨水がサッシ下端から浸入することがあります。

　施工状況が見えにくい箇所のため、写真1-4のようにサッシ下端のFRP防水施工が適切に行われていないケースでの雨漏れ事故も少なくありません。

写真1-4　バルコニー出入口開口下端の悪い施工例

　防止対策としては、開口サッシを取り付ける位置はバルコニーの床面から高くすることが有効です。

　出入りしやすいようにしたいという設計上の要求もあると思いますが、立ち上がりが不十分な場合、開口の下端の防水処理がきちんと施工されず、バルコニー直下の天井から雨水が浸入してしまう事例が多く見受けられます。サッシを取り付ける前に防水層を開口部下端まで張り上げる防水先施工の場合（写真1-5）では比較的問題が少ないようです。

写真1-5　防水先施工によるバルコニー出入口開口下端の納まり例

手すり壁が外壁と当たる部分

　外壁と手すり壁との取り合い部には笠木等の金属材が突き付けとなり、その接点にシーリングで取り合い部を納めるケースがありますが、そもそも、金属部材端部にシーリング施工しても接着面が少ないうえにシーリングが先に劣化して切れてしまうので、長期にわたり防水性能を期待するのは困難です。そのためにも二次止水層による下地の防水処理をきちんと施工する必要があるわけです。

　下地の防水処理において、手すり壁の横の面、上面、外壁面が交わる3面交点は、1枚の防水シートで孔があかないように施工することができません。どうしても隅に不連続箇所（ピンホール）ができてしまう部分です。（図1-7）

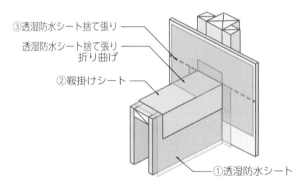

③透湿防水シート捨て張り

透湿防水シート捨て張り
折り曲げ

②鞍掛けシート

①透湿防水シート

図1-7　手すり壁と外壁面取り合いの３面交点

　そういった部位でも、ピンホールから雨水が入ることのないような対策ができる製品があり、現在は、部材も施工しやすいように進化し、種類も増えています。しかし、そのことが一般に住宅工事業者に十分浸透しているとはまだ言えず、事故発生箇所等の現場では適切な部材が使用されていないことが少なくありません（写真1-6）。しっかり施工したつもりでも、材料の相性がよくないと、経年変化などにより不具合や劣化が早期に進んでしまうこともあります。

写真1-6　3面交点止水処理不完全のため漏水した事例

コラム 通気と換気

　建築物、特に住宅の内外部位で空気を閉じ込めずに流すようにすることについて、一般的に居室は換気、小屋裏や床下も換気、壁体内は通気と言います。通気と換気、特に使用に関する定めはないようです。英語では、ventは通風口などの空気を通す部位、ventilationは空気を通す行為を言います。いずれも名詞ですが、モノの名称と行為の名称の違いがはっきりしています。通気、換気、ともに英語ではventilationです。

　日本語の本来の意味では、通気は空気を通すこと、換気は空気を入れ替えることです。換気の前提には「良くないもの」が対象とする空間内に存在し、これを排除する必要性があるように思います。「良くないもの」とは居室の場合は、二酸化炭素や一酸化炭素、臭気などです。小屋裏や床下の場合は水蒸気が対象となります。壁体内も水蒸気が対象なので、壁体内換気と言っても良さそうですが、壁体内通気と言うことが多いのはおそらく、以下の3つが関係するものと思われます。

　一つは、「空気を通す」は方向性が明確な場合で、まさに壁体内の場合は、入り口と出口があきらかで、空気が下から上に一方向に通り抜けるイメージが強く、小屋裏や床下、居室では入り口と出口が季節や風向きで変わるので、空気を通すイメージが弱いのかもしれません。

　また、良くないものの量が多いと入れ替える必要性が増すので、換気となり、壁体内のように量が小さいと空気を通す、通気、となったのではないでしょうか。

　さらに、壁体の通気層は、1970年代に北米で開発された2x4構法の壁体結露防止手法として導入されたものなので、他と比較すると新しく、新しさを強調するために「通気」の日本語を充てたのかもしれません。

　筆者個人的には、人の健康を目的とする場合は換気、建物耐久性に関係する場合は通気と呼ぶように整理してはどうか、と常々思っています。つまり、居室は換気、それ以外は通気となります。少し提案が大胆でしょうか…

屋根構造の基礎知識

軒

　外壁より持ち出された屋根の部分。屋根の部位としては流れ方向に持ち出された部分を指し、流れに直角方向に持ち出された部分をけらばと呼んで区別しますが、広義にはけらばを含むこともあります。また、一部の地域では下屋を軒と呼ぶ習慣もあるようです。

　軒の重要な役割は外壁や開口部を風雨や直射日光の作用から護ることです（第Ⅰ巻「軒ゼロ」参照）。突き出た屋根の下面を軒裏、屋根の構造材が隠れるように張った仕上げ材を軒天井と呼びます。

　軒部の注意点として風の問題があります。4寸勾配以下の緩勾配の屋根では、軒先から吹き上げる風によって屋根面に負圧（建物の外部に向かって吸い上げる力）が働き、特に軒周辺の負圧が高くなります。このため、軒先部の屋根材はこの負圧によって飛散しないように下地に十分緊結する必要があります。

　立平葺きなどの金属板屋根の軒先部では屋根葺き材の先端を折り曲げ、唐草（P130）と呼ばれる補強材をつかみ込んで固定する構法が一般的ですが、経年した屋根では、毛細管現象で入り込んだ雨水によってつかみ込み部分の金属板や下地木材が腐食、劣化し、緊結耐力が不十分になって台風時などに持ち上がった隙間から風が入り込み、屋根全面の屋根材の飛散につながった事例が数多く報告されています。耐久性のある部材を用い、適切なメンテナンスを行うとともに、毛細管現象による浸水を起こさないディテールの工夫が必要です。

けらば

　切妻屋根や片流れ屋根で、流れ方向と直角の方向に外壁から持ち出された屋根の部分。そば軒とも呼ばれます。軒と同様にけらばの出を十分とることは、壁面の雨漏りと劣化防止に重要です。海外では、写真2-1のようなけらばの出が無い外観の住宅をよく見かけます。この屋根形状には外壁がレンガ造で比較的雨がかりしても問題が無いこと、屋根を支える骨組、小屋組みが流れ方向に傾斜した部材だけで構成される「たるき小屋」であることが背景にあります。日本の住宅で標準的に採用されている小屋組みには、流れと直交方向の構造材、母屋が使われますが、けらばの出を大きくとる（写真2-2）工夫とも言えそうです。

写真2-1　けらばの出が無い住宅（英国）

写真2-2　けらばと軒の出が大きい日本の住宅
（丹波篠山市篠山伝統的建造物群保存地区）

けらばに関連する用語として破風（はふ）があります。破風は建物の妻壁で切妻形屋根の下にできる三角形の部分全般を指します。けらばの端部に取り付ける化粧用の板を破風板（P40）と呼びます。

けらば部も軒部と同様に屋根上に吹き上げる風の影響により局部的に高い負圧が作用し、特に切妻屋根の棟端部では屋根全体で最も高くなる場合があります。

このため、スレートやシングルなど薄板状の屋根葺き材を用いる屋根では、けらば水切り（P132）と呼ばれる板金部材で端部を包み込む構法がとられますが、屋根葺き材との隙間から屋根面を横走りする雨水とほこりが入り込み、長年の間に内部の捨て谷板で処理しきれない雨水がオーバーフローするため、けらば付近に集中して雨漏りや下地の劣化が発生する問題が指摘されています。

対策としてけらば沿いに下葺材の増し張りが行われますが、長期的にわたって安全性を高めるには通気下地屋根構法（第Ⅰ巻P92）の採用が有効です。

棟

屋根面の交点、あるいは屋根面と壁面の交点にできる稜線部。地形で言えば尾根にあたる部分です。切妻屋根などにできる水平な棟を「陸棟」、寄棟屋根や方形屋根などにできる軒先の隅に向って傾斜した棟を「隅棟」と呼びます。陸棟で特に長さが大きいものを「大棟」と呼ぶことがあります。

雨仕舞の面では、棟はこの位置で交わる屋根面の水上部同士をふさぎ、防水ラインを完結する役割を持ちます。

棟は屋根の最上部にあたるので、住宅の躯体工事で棟を支える骨組み材「棟木」は最後に取り付けられます。躯体工事が完了することになり、

この時点を棟木を上げる意味から「上棟」、あるいは「棟上げ」と呼んでいます。

　棟は屋根で一番目立つ位置なので、日本の瓦屋根では、伝統的にのし瓦を何段にも重ねて、高く、立派に見せる棟積みが採用されてきました。

　棟積み部分は重量が大きいため、地震の際に大きな水平力が作用し、下地との緊結が十分でないと脱落する危険があります。これまでに起きた大地震でも、瓦屋根の震害は棟部に集中しています。このため、最近ではのし瓦を用いず、半円形や三角形の冠瓦を直にかぶせる構法も多くなっています。

　瓦葺きの入母屋屋根などには「降り棟」と呼ばれる部位があります。けらばに沿って流れに平行に行われる棟積みで、上に述べた定義には該当しない装飾目的のものですが、構成が同じであることから同様に棟と呼ばれています（図2-1）。降り棟と隅棟がぶつかる位置では上から流れてくる雨水を遮らないような特別な施工が必要になります。

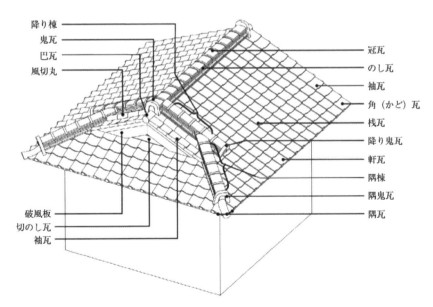

図2-1　瓦葺き屋根の棟各種（入母屋屋根）
(日本建築学会、JASS12「屋根工事」より)

瓦葺き以外の屋根では、屋根面最上部の屋根材に心木を乗せて板金部材をかぶせる「棟包み」構法が普通です。棟包みは地震被害の恐れはありませんが、近年の台風では、長年の間に起きた留め付け釘の脱落や心木の劣化が原因で棟包みが飛散する事例が多く報告されており、耐久性を高める工夫が必要です。

谷

流れ方向がぶつかる屋根面の交点（図2-2）、あるいは屋根面と壁面の交点にできるV字形の部分。地形での谷と同じように多量の雨水が集まってくる部分です。M形屋根やのこぎり屋根にできる勾配が0（実際には排水のための勾配は必要）の谷（図2-3）を「陸谷」と呼びます。

この多量の水を処理するために、瓦やスレートを葺いた屋根でも、谷には金属板を使います。これを谷板と呼びます。軒やけらばと異なり、谷部は建物平面の内部側に形成されるので、谷板の立ち上がり不足や、腐食孔の発生などによって雨水が谷板裏面に回ると、室内天井面への雨漏りに直結します。特に陸谷は雨水を排出処理するためのたてどいの落し口がゴミなどで詰まると水が溜まって室内にオーバーフローするため、甚大な雨漏り被害を引き起こします。

このため、屋根の「水とり」（雨水が流れる方向を決めること）においては、極力谷ができないように計画することが望ましいとされてきました。しかし、斜線制限や平面・立面計画によってはどうしても谷が避けられない場合もあります。十分な流水断面の確保、ゴミが詰まりにくい落とし口の採用、ルーフィングの二重張りや粘着層付きルーフィングを用いて下葺き層の防水性を高める、などの対策を講じる必要があります。

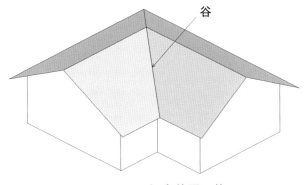

図2-2　屋根交差面の谷

谷

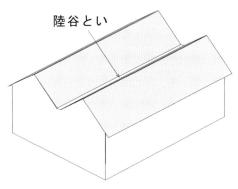

図2-3　M形屋根の谷

陸谷とい

下屋
（げや）

　上階の外壁に接続する下階の屋根、またその下の空間。

　下屋が壁と接する部分、壁際は雨漏りしやすい場所なので、下葺き材を壁に沿って十分立ち上げる、流れに平行な壁際では有効な捨て谷といを設けるなど、納まりに注意が必要です。特に下屋の軒先部が直交壁の中間にぶつかる「壁止まり軒部（図2-4）」は、屋根面と壁面の雨水が１

個所に集中し、屋根の下葺き材と壁の防水紙の重ね処理が複雑（P39）で水密処理が不完全になりやすいため、雨漏り事故の発生率が特に高い個所として知られています。

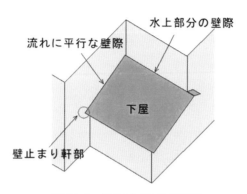

図2-4　下屋と納まり部位

　下屋のもう一つの問題は、小屋裏換気が不完全になり、結露や小屋組みの劣化が起きやすいことでした。これは軒部の換気口だけでは小屋裏全体に換気が行きわたらないためですが、近年は水上側の壁際に用いる、換気機構を組み込んだ雨押さえ部材が市販されており、下屋でも有効に換気が行えるようになっています。(第Ⅰ巻「外皮内通気」参照)

　下屋にも耐久性に関して良い面があります。一つには連続して雨がかりになる壁面の高さが減ることです。もう一つは住まい手が上階の窓から屋根を観察できることです。下屋が無い総2階、総3階建て住宅の住まい手で、我が家の屋根の色を知らない人は珍しくありません。普段から屋根の状態を確認することで、異常があった場合に早めにメンテナンスを実施することができ、耐久性の向上につながります。

ドーマー

　屋根面の一部に設けられた小さな屋根。本来の目的は屋根裏部屋に光と空気を取り込むことでしたが、現代では小屋裏の換気にも利用されます。

　天窓（トップライト）など、屋根に対してフラットにガラス入りの窓を設けるものもありますが、垂直に開口部を設けようとすれば、必然的に小屋を設けることになります。これがドーマーです。窓を垂直に設置するため、天窓と比べて雨水浸入のリスクが少なくなります。

　ただし、屋根に谷ができるという問題が発生します。ほかにも壁と屋根がぶつかるところができるため、どうしても雨水浸入のリスクが高まります。また気密欠損のリスクも生じます。屋根と屋根同士の谷、壁との谷、壁とドーマーの取り合いなど、おさまりが難しくなるので熟練の施工が必要です。

写真2-3　ドーマー

パラペット

　屋根面より上方に立ち上がった外壁の部分。「胸を防護する」という意味のイタリア語が語源で、元々は城郭建築の屋上に設ける胸の高さの防御壁を指したものです。

　ＲＣ造などのビル建築では、陸屋根で周辺にパラペットを回すのが一般的ですが、これは屋上防水層の端部をパラペットに沿って立ち上げて雨水が端部から浸入しないように納めることが目的です（図2-5）。

　住宅で一般的な勾配屋根は軒部で雨水を処理するため、屋根を外壁面より持ち出すのが普通ですが、商店建築の道路側や積雪地のスノーダクト屋根には従来からパラペットが使われ、最近はキューブ型デザインとするために片流れ形状の屋根の水上側と流れに平行な2方向をパラペット納めにした三方パラペット屋根（図2-6）が流行し、また、木造住宅でもビル建築と同様の陸屋根の採用例も増えています。

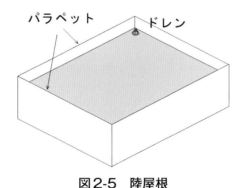

図2-5　陸屋根

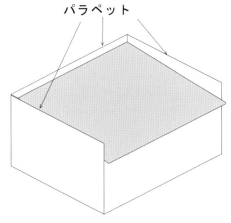

パラペット

図2-6　三方パラペット屋根

　パラペットの耐久性上の問題点は、パラペット壁自体と、パラペットと屋根の取り合い部の両方にあります。まず壁自体として、上端が水平であるため、笠木の板金部材の継ぎ目などから浸入した雨水が滞留しやすく、この雨水が笠木取り付け金物の緊結ネジ孔から防水層の裏に回り、下地を劣化させるリスクがあります。また、通気層が上端で閉塞していると層内を上昇して来た水蒸気の逃げ場がなく、内部で結露するリスクもあります。これらはルーフバルコニーの手すり壁にも共通する問題です。多雪地ではパラペットの屋根面側の外装材に窯業系サイディングを用いると屋根面の積雪による凍害の危険があります。

　屋根との取り合い部に関しては、下屋の場合と同様に雨漏りのリスクが高い壁際の納まりが発生します。屋根の水下側をパラペット納めとする場合、パラペットの内側に樋を設けて雨水を処理する必要があります。この内樋は陸谷樋と同様にドレンが詰まると室内へのオーバーフローが発生します。

　意匠面から選ばれることが多い勾配屋根のパラペット納めですが、上に挙げたような耐久性上の問題点を十分理解した上で採用を検討することが望まれます。

すがる部

　本屋根の軒先の一部がさらに突出している部分。瓦は重ね部の横のラインがはっきりしており、特にJ形瓦では軒瓦や袖瓦に垂れがあるため、瓦の葺き足の中間にすがる部の隅がくると屋根が美しく完成しません。そのため、あらかじめ流れ方向・桁行方向で野地板の寸法を（瓦働き長さの倍数＋α）で指定して、屋根下地を作る必要があります。具体的には、本屋根とすがる部の軒先・けらばの軒の出寸法を、瓦の割り付けに合うようにそれぞれ調整して大工さんに工事してもらいます。

　最近では瓦全体の約8割を占めるF形瓦の桁行方向は、1枚の働き幅が306mmなので、端から端までを306の倍数＋両端の袖瓦の納め寸法で計算します。流れ方向は、1枚の働き長さが280mmなので、端から端までを280の倍数＋軒瓦の納め寸法で計算します。

　適切に瓦を割り付けることで見た目に違和感なく、雨仕舞いも良いすがる部屋根になります（写真2-4左）。しかし、軒ゼロなどの屋根全体のデザインを優先させ、無理やり瓦を切って合わせたりすると、瓦の見た目もわるく、雨漏りなども発生しやすくなります（写真2-4右）。

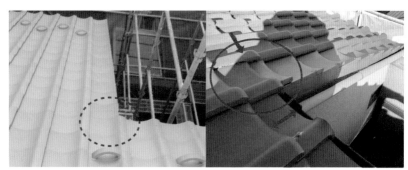

瓦の割付有　　　　　　　　　　　瓦の割付なし

写真2-4　瓦屋根のすがる部

また、スレート屋根はすがる部で雨漏りしやすくなります。棟側から流れてきた雨水が、けらば水切の上端部（すがる部の隅）でけらば水切の中に浸入しやすくなるためです。メーカーのマニュアルに従い、上端部をしっかり納めることが重要です。

棟違い部

部分的に棟の高さが異なる切妻屋根において、低い棟が高い棟から下る屋根面と交わる部分。3つの屋根面が合わさる部分で、雨仕舞が難しくなります。ポイントは、高い棟から下っている屋根面を流れる雨水を低い棟の中に入れないようにすることです。

対策としては、低い棟と高い棟から下がっている屋根面の交わる部分の野地板を欠き込み、そこに水を受ける捨て水切りを入れて、屋根材の上に排水するようにします。

また、一体でコンパクトにはめられるように開発された棟違い板金というものもあります。ハウスメーカーによっては専用の棟違い板金を開発して使用しています。

野地板の上を流れる以外にも、強風雨時に、破風板の内側を流れる雨の経路があります。そのため、棟違い板金は破風板を取り付ける前に、設置することも重要です。

古い瓦屋根は、葺き土で雨漏りを防いでいます。破風板の内側を流れる雨が長い年月の間に、1箇所の葺き土を浸食していくため雨漏りが発生しやすい場所となっています。

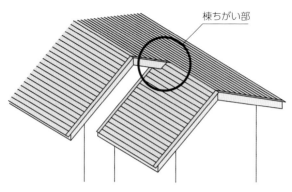

図2-7　棟ちがい部
（住宅金融支援機構「木造住宅工事仕様書」より）

壁止まり軒部

　下屋の軒が直交壁にぶつかる納まり部分。雨漏りが多い場所とされています。

　壁止まり軒部では雨押さえ板金と流れ方向の壁際捨て水切りの2つの板金を加工して、雨水を雨樋へ排水します。壁際の雨水の流れには、屋根材表面と雨押え板金表面の2つのルートがあり、それぞれが壁止まり軒部に集まります。また、壁面が受ける雨水と屋根面が受ける雨水が合わさるため、水量も多くなり、雨漏りしやすくなっています。

　雨押さえ板金と捨て水切りの加工に関しては、屋根材メーカーのマニュアルがありますが、実際の加工に関しては職人の腕に頼ることになります。現在では、壁止まり役物という大形の専用板金を捨て水切りの先端につけ、2つのルートの雨水をしっかりと受けることで雨漏りがだいぶ解消されるようになりました。

　しかし、最終的には板金の裏に雨水が入ってくることを想定して、二次止水層による下地の防水処理を適切に行なうことが重要です。

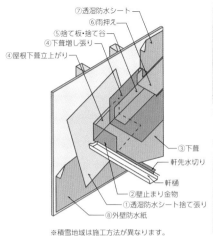

⑦透湿防水シート
⑥雨押え
⑤捨て板・捨て谷
④下葺増し張り
④屋根下葺立上がり
③下葺
軒先水切り
軒樋
②壁止まり金物
①透湿防水シート捨て張り
⑧外壁防水紙

※積雪地域は施工方法が異なります。

壁止まり防水処理が不適切だったため
雨漏りしてしまった事例

壁止まり金物
外壁防水紙
捨て張り

壁止まり軒先部納まり例

図2-8　壁止まり軒部

　これらの施工の際に大切なのは、それぞれ専門の職人同士の連携です。たとえば、先張り防水シート（P143）を壁の下地に張るためには、屋根の垂木を打つ前に作業をする必要があります。木の工事の間に防水処理をしないと重ねがとれなくなります。木工事は大工、ルーフィングは屋根工事業、壁は外装業者というように、工程によって作業をする職人が違います。先に大工が先張り防水シートを張っておかなければ、その後では処理できなくなります。

　職人は自分の専門分野だけでなく、連携する職人たちの仕事を理解し、手順を間違えないこと。そしてそれをしっかり監督できる工事管理者が重要な存在といえます。

破風板

屋根のけらば側面に取り付ける幅広の板。

切妻や入母屋形式の屋根には破風があります。一説によると、風を切り破って屋根を守るというのが破風の語源ということです。広い意味では屋根の下の三角形の妻壁を指します。しかし、通常の建築現場では、破風板のことを指して破風と呼びます。

屋根面以上に日光や雨風のダメージを受けて痛みやすい部分でもあります。元々、木の板が用いられて来ましたが、過酷な環境下において、収縮したり反ったり、いわゆる板が暴れるということが多く、また、全長が大きいために途中で継ぐ必要があります。隙間ができないよう斜めにつぐ技などもありますが、どうしても隙間ができることは避けられません。塗装が早く傷むといったこともあり、最近では窯業系や金属系の部材が多くなっています。

窯業系の場合、屋根との取り合いの小口部分から吸水して劣化することが懸念されます。

破風板まわりは雨漏りの原因になりやすく、劣化が避けられない部分です。施工の際に、しっかり防水仕上げをすることはもちろん、定期的に塗装など適切なメンテナンスをすることが必要です。

写真2-5　破風板

鼻隠し

　垂木（たるき）先端の木口に取り付ける幅広の板。垂木の先端部を鼻といいます。はしっこを表す端を「はな」と読むことから転じたものです。その部分を保護する役目をもつのが鼻隠しです。

　伝統的には鼻を隠さない「木口あらわし」のスタイルが主流でした。今でも寺社建築や、高級和風物件などには木口あらわしの垂木が見られます。鼻隠しをつけない場合、垂木の先端が腐りやすいという問題があります。木材の木口面は、側面よりも7倍のスピードで吸水するというデータもあり、先端部はそれだけ水分を含みやすいからです。このため高級工事では垂木の木口を銅板で巻くことが行われてきました。鼻隠しを付ければその必要もなくなります。

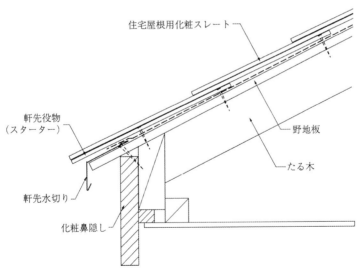

図2-9　鼻隠し
（住宅金融支援機構「木造住宅工事仕様書」より）

　また防火の面でも、鼻隠しは軒天井と合わせて効果を発揮します。さらに鼻隠しは、軒先部を補強し、風の吹上げに対する耐力を増す働きもあります。

　部材としては、破風板と同様に元々木材が使われてきましたが、現在は耐火性と耐久性を兼ね備えた窯業系の製品が多く、金属系のものも使われます。

軒天井

　軒裏を覆うように設けた天井。略して軒天と呼ぶこともあります。鼻隠しと同様に、軒天井がついている建物とついていない建物があります。また軒天井が水平な形状と、垂木に沿って勾配がある形状があります。

　軒天井の主な目的は防火です。

　天井面には小屋裏の換気のため、部分的に有孔ボードを張ることが多く行なわれてきました。別に換気口を設けなくても換気を行う事が出来るからです。ただし、雨が入りやすいというデメリットがあり、特に吹上の雨には弱いため、最近では有孔ボードの採用が減る傾向にあるようです。

　有孔ボードを使わない場合は、軒天換気部材を使用します。専用につくられたものなので、防雨性を確保しながら換気ができます。

　軒天井の仕上げ材には、ケイ酸カルシウム板が広く使われています。材質的に細孔が多い板なので、塗料の成分が吸い込まれます。そのため下塗りで目止めをしてから上塗り（着色）をする必要があります。しかし実際には一般的な水性塗料を塗るだけで終わらせている建物も多く見られます。そうなると、樹脂分が維持できなくて剥がれてくるといったトラブルが起きます。特に水が回ると水分によって剥がれやすくなってしまいます。

最近では工場塗装されたものが多くなっています。

写真2-6　軒天井

屋根突出物

　屋根の上に突き出た煙突や配管などの総称。広い意味ではドーマーも屋根突出物といえますが、本書では煙突や配管などを指します。

　自然回帰の風潮や、現代住宅に適合する薪ストーブの開発により、薪ストーブの使用は以前に比べ増加傾向にあります。また、災害などでライフラインが閉ざされても自立できる家への意識も高まっており、そのため煙突を設ける住宅も増加しているようです。

　屋内の排水管の流れを円滑にするため通気管を接続する場合があります。この通気管が屋根上に突き出ている光景が、カナダのバンクーバー近郊でよくみられました。

　いづれにしても屋根に突き出すということで、雨漏りリスクの高い部分です。

　施工上、注意しなければならないのは突出物と屋根材の取り合いを納める水切りの始末です。突出物は屋根面を上から下に向かい水が流れて

くる途中にあり、そのため突出物の上半分と下半分では水切りの入り方が逆になります。上半分では水切りが屋根材の下に潜ります。下半分では水切りが屋根材の上にきます。必ず守らなければならないポイントですが、それだけ納まりが難しい部分です。

写真2-7　屋根突出物の例

第3章

外壁・バルコニー構造の基礎知識

湿式仕上げ・乾式仕上げ

　内外装仕上げの施工方法に関する区分。外壁表面を保護したり美しく化粧したりするために、各種の仕上げが行われます。仕上塗材やモルタルなど、不定形で粘性のある材料を下地に塗り付けて仕上げる方法を「湿式工法」、工場生産された窯業系、金属系のサイディングやボード類を取り付けて仕上げる方法を「乾式工法」と区分します。

　湿式工法は、伝統的な工法で、モルタル、漆喰、土壁、石膏などの塗り壁材を職人が刷毛やコテを使って下地材の上から塗って仕上げていく工法です。複雑な形状や曲線にも対応でき、材料や調合方法で様々な質感や自由な色合いや模様（テクスチャー）を付けることが出来ます。また、タイルや天然石、珪藻土や火山灰のシラス天然素材などの素材を使用し高級感のある外壁になります。湿式仕上げの区分には、プラスター（せっこう・ドロマイト）仕上げ、しっくい（本・土佐・既調合）仕上げ、建築用仕上塗材仕上げ、色モルタル仕上げ、かき落とし粗面仕上げ、骨材あらわし仕上げ、人造石仕上げ（洗い出し）、塗装仕上げ、陶磁器質タイル張り仕上げ、吹付仕上げなどがあります。

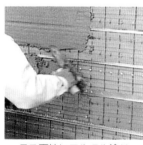

ラス下地にモルタル塗り　　　　しっくい塗り（上塗り）

写真3-1　湿式工法

乾式工法は、あらかじめ工場で規格に基づいて生産された建材をマニュアル通りに施工すれば一定の品質で仕上げることが出来、工期を短縮できます。また、タイルや石張りでも引っ掛けて固定したり、金物を使用するものは乾式工法と言います。

写真3-2　乾式工法

サイディング

　乾式工法の外壁仕上げに用いる短冊形状の外装材の総称。

　かつて、日本の住宅の外壁仕上げは、湿式仕上げであるモルタルが主流でしたが、現場で塗ったり養生したりする時間が必要でした。サイディングは工場で仕上げた板を張り上げるので、工期が短縮でき、急速に普及しました。

　材質には窯業系、金属系や古くから使われてきた木質系などがあります。また、日本ではまだ一般的ではありませんが、海外では樹脂系のサイディングも使われています。張り方としては縦張りと横張りがあり、近年では横張りが主流です。

　日本では、7割〜8割程度が窯業系サイディングです。厚みは、14mm〜18mmが一般的です。窯業系、金属系とも、表面に工場塗装を施し、模様や、色などの加飾をつけてモダンや和風のイメージを演出

するものなど、いろいろなデザインのものがあります（写真3-3）。

写真3-3　窯業系サイディングの外観

　幅は455mm、長さは3030mm（10尺）が一般的です。縦張り、横張り、いずれにしても現場で切断することが多く、一般的な木造住宅で、特に横張りの場合は、10尺をそのまま使用するケースは少なく、柱・間柱に釘や金具で留め付けるので9尺や6尺で切断するケースが多くなります。

　工法的には、釘留めと金具留めがあり、金属系は釘またはビス留め、窯業系では金具留めが多く用いられます。金具留めの中にはさらに胴縁に金具で留め付ける工法と、胴縁を使用せず金具のみで通気構法が可能な通気金具留め工法（写真3-4）とがあります。通気金具留め工法は、胴縁がないため、左右にも通気が確保しやすく改良され、通気がより確実にとれる工法です。縦張りの場合、通気金具での施工もできますが、接合部の位置に下地がないと金具が取り付けられないため、横胴縁に金具で留め付ける施工法が主流です。

写真3-4　通気金具留め

サイディング同士の接合部は、長辺方向はあいじゃくりや実矧ぎ（さねはぎ）とし、短辺方向は窯業系ではシーリング、金属系では連結部材または連結役物で納めます。窯業系サイディングでは、シーリングレスと呼ばれる短辺の接合部にシーリングを使わず、3辺、もしくは4辺のあいじゃくりが付いている商品もあります。シーリングレスのサイディングは1820mm（6尺）が主流で3030mm（10尺）の商品もあります。

　耐久性上の問題点として窯業系サイディングの場合、吸水や吸湿による凍害があります。塗装はある程度防水の役割をしますが、ミクロの状態では水分が浸入します。サイディング内部まで水分が浸入しなくても表面上の凍害が起こって、表層が剥がれてしまうこともあります。

　凍害を起こさないためには、施工前に雨水などで水濡れさせない、通気構法により壁体内の湿気やサイディングの裏側に浸入した雨水を排出する、開口部周りはサイディング表面よりも30mm以上突き出したサッシを使用するか水切りを併用するなどにより雨水が表面上に伝わらないようにするのが有効です。

　工場から出荷された窯業系サイディング材は表面・裏面が塗装されています。両端部の小口面は、表面や裏面などに比べれば塗装がのっていませんので、特に縦張りにする場合は、下端小口面からの吸水を防止するため小口シーラーと補修塗料などで補修してから取り付けます。また、現場での施工時に切断した小口面があらわしの場合は、同様に小口の吸水防止処理が必要です。

　図3-1は小口面や裏面からの吸水速度の測定例ですが、塗装やシーラー処理がなされていてもかなりの吸水があることに注意が必要です。

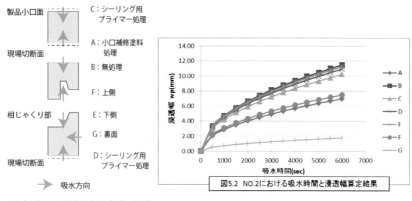

吸水面記号の位置と処理方法の解説

(原文献に基づき石川が作成)

図3-1　窯業系サイディング材の小口面、裏面からの吸水速度測定例
金澤、石川：窯業系サイディング小口および裏面からの吸水試験
（日本建築学会2017年大会学術講演梗概集、材料施工より）

　水分によって不具合が起こることは、金属系サイディングも同様です。表面材は金属ですが、芯材にはウレタンを使っているのが一般的です。この芯材を表面材の金属板と、裏面紙といわれるクラフト紙やアルミ蒸着紙などでサンドイッチする構造になっています。そこで裏側の湿気が高くなると、表面材と裏面材の伸び縮みに差が出て、反るなどの問題が出ることがあります。そのため、金属系サイディングについても通気構法が推奨されています。

　サイディングのメンテナンス、張り替えの年数は、施工の状態、住宅のおかれた環境、塗装の種類などによって変わります。変褪色保証が一番長いのはフッ素系塗料の30年。フッ素系塗料はある程度柔軟性と耐久性があります。無機系塗料やアクリルシリコン系の塗料も比較的変褪色に優れた塗料です。塗膜が劣化すると水分が浸入しやすくなるので、劣化する前に塗り替えなどのメンテナンスをすることがポイントです。

　塗り替えの際は、サイディング表面の汚れを洗浄し、ひび割れ、カケがある場合は、その部分を補修してから、それぞれに合った下塗り塗料を塗り、再塗装をします。塗り直しの後も定期的にメンテナンスを行い

第3章　外壁・バルコニー構造の基礎知識

ます。

　サイディングは柄が豊富である反面、増改築や、飛来物で破損したときなどに同じものが入手可能かという問題があります。毎年各社から新作がリリースされ、流行り廃りもあります。かさばる部材なのでそれほど多くは保管しておけないため、不具合への対応を想定した程度の在庫であるのが一般的です。

　現在は、石やタイルといった意匠のサイディングは減り、木目が主流になってきています。木目であれば、表面を塗装することで、多少の違いはわかりにくいというメリットがあります。

ラスモルタル

　網状の金属部材（ラス）を補強材としてモルタルを塗り付ける外壁仕上げ。ラスにはかつては金網（ワイヤラス）も使われましたが、現在は切れ目を入れた鋼板を引き延ばしたメタルラスが一般的です。メタルラスのJIS製品には、木造住宅のモルタル外壁に使用するものとして主に5種類があります（写真3-5）。平坦な平ラスは、コーナー部や窓回りの開口補強用として使用し、平部には波形ラス、こぶラス、力骨付きラス、リブラスCの立体形状のラスを使用します。地震時のはく落防止や耐久性確保のため、質量は700g/㎡以上でラス裏面にモルタルが回り込み、壁の厚み方向の中心にラスが配置されるように使用します。

　防火上必要なモルタルの塗り厚は、現場調合モルタルの場合20mm、ラス系下地用既調合軽量セメントモルタルおよび大臣認定を取得した既調合セメントモルタルの場合は認定に応じた厚さが必要です。

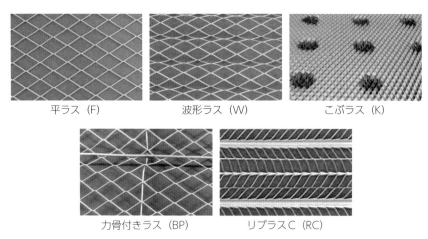

平ラス（F）　　　　波形ラス（W）　　　　こぶラス（K）

力骨付きラス（BP）　　　リブラスC（RC）

写真3-5　各種ラス

　躯体にラス下地板（スギ12×60mm）または、構造用面材を張り、その上に防水紙（アスファルトフェルト430または、改質アスファルトフェルト）を張って、ラスを施工し、モルタルを塗る層構成を直張り構法と言います。

　ラスモルタル壁の一般的通気構法としては、二層下地通気構法、単層下地通気構法があり、その他に個別認定による特殊防水通気シートを用いた構法があります。

　二層下地通気構法（図3-2）は、構造躯体の外側に透湿防水シートを張り、胴縁材を用いて通気層を作り、通気層の外側にラス下地材を張り、ラス、モルタルを施工したものを言います。

　単層下地通気構法（図3-3）は、通気層の胴縁の上に裏打ち材が付いたリブラスC（質量800g/㎡）を直接張り、モルタル施工をしたものを言います。

　特殊防水通気シートを用いた構法の一例として図3-4のようなものがあります。構造用面材下地に、躯体側に面内方向の通気性と防水性を併せ持つシートを貼り、専用ラスを用いた構成で、個別の大臣認定仕様となっています。

　ラスの施工では、モルタルのはく落、クラック発生の抑制のため、以

下がポイントです。

　①ラスは長手方向を地面と水平に、開口部でラスのジョイントが発生しない様に割り付け、土台部分から千鳥状（レンガ積み）になるよう張ります。②出隅・入隅部は突きつけとし、コーナー用ラス（平ラスF450以上）で補強します。③開口部（サッシ・換気口など）にラスが接触しない様に注意し、補強用ラスを開口部隅角部に張ります。④ラスを留め付けるステープル（P106）の種類（線径と長さ）は適切なものを選び、規定された間隔で留め付けます。⑤ひび割れ抑制のため、モルタル施工時に耐アルカリ性ガラス繊維ネットを表層部に伏せ込むことが有効です。

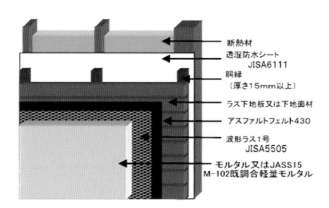

図3-2　二層下地通気構法の例

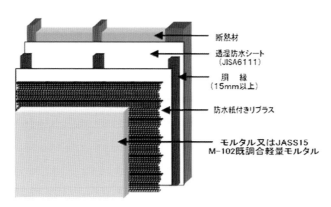

図3-3　単層下地通気構法の例

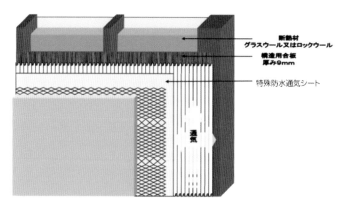

図3-4　特殊防水通気シートを用いた構法の例

外壁塗装

　塗料、塗材を用い、主として現場で行う外装仕上げ工事。塗装工事の目的は、主に被塗物の保護と美装です。

　塗装では、「塗料」という液体を被塗物に塗布することにより塗膜が形成され、その塗膜が乾燥によって連続性を持つ膜になります。そしてこれが被塗物を保護し、美装します。

　保護とは、金属などの腐食（錆）の抑制、コンクリートやモルタルの中性化防止、防水型の塗膜による防水効果の付与などのことです。美装とは、被塗物に色彩や、意匠性を付与（凹凸などの模様をつけるなど）することです。また、塗料に別の薬剤を配合してカビ繁殖を抑制することや汚れを付きにくくすることもできます。

　乾式工法の外装では現場で塗装工事が行われることはほとんどありません。金属板やサイディングなどの工場塗装された建材が用いられる場合には、軒天井にも塗装された板が採用されます。これにより現場での工程や作業の省力化が図られます。工場塗装された建材においては、表面塗装の耐久性についてグレード表示をしているものもあります。

現場における塗装の方法としては主に刷毛塗り、ローラー塗り、吹き付けがあり、現場の状況や仕上げのテクスチャー、塗る面積に合わせて使い分けます。

　塗装は基本的に3回塗りします。下塗りは被塗物と上に塗る塗料の密着性を確保し、クラックや凹凸を埋める目的でシーラーやフィラーなどの材料を塗ります。中塗り、上塗りは保護と美装の機能を担う仕上げ層で同種の塗料を2回塗ります。

　代表的な塗料の種類にはウレタン樹脂系、アクリルシリコン樹脂系、フッ素樹脂系などがあり、この順に耐用年数が長くなるとされています。他に防水性能を高めた弾性塗材なども使われます。

　湿式工法の場合には、漆喰や色モルタル掻き落としなど以外の仕上げでは塗材の吹付や鏝塗りなどによりテクスチャーをつける仕上げが行われます。この塗材は、一般的な塗料とは異なるもので、塗料液自体の粘度を非常に高くしたり、工場出荷時、或いは現場にて、仕上り意匠に合わせた大きさの骨材を混錬したりして塗布します。

　また木材を外部に露出させる場合には、着色保護を意図した塗装をすることがあります。ヒノキやヒバなどの腐りにくい木材は、無塗装のままのケースもあります。木材の外部露出は、意匠を優先しているケースがほとんどです。この場合、木材保護に対する対策については建築設計者の意図や考え方が大きく影響します。

　風雨にさらされて木材表面の変色が起きるのは当然ですが、雨がかりにより木材が劣化する速さは、塗装の有無（吸水の有無）により大きな差が生じます。

　木材の伸縮は他の建材と比較して非常に大きいため、この伸縮を物理的に抑制することが重要です。それが出来なければ、木材を塗膜で覆うことは、将来的に塗膜の割れだけでなく、割れ部分からの吸水や、この水分の乾燥を妨げてしまうことにつながり、望ましくありません。結局、木材に含侵させた薬剤成分により雨水浸透を防ぐことが、木材保護塗装の基本となります。

リフォーム塗装

　外皮表面のメンテナンス時に実施する塗装。新築での塗装とは、内容が少し変わってきます。

　リフォーム塗装では、旧塗膜の経年劣化、カビや苔などの汚れの付着などがあると同時に、施工時の外気温や湿度などの影響を大きく受けることは言うまでもありません。そこでリフォーム塗装に用いる塗料は、下地の様々な条件に対応できるとともに、常温で乾燥し、湿度の影響も比較的受けにくいことが要求され、塗料メーカーにおいても、これらの条件を加味した塗料設計が行われています。

　ただし、塗装は液体を塗り広げることで薄い膜を作り、それが乾燥したものが塗膜になるものであり、被塗物（塗る素材）に対しての塗料の適合性（相性）や作業条件など、一定の条件が整わなければ、塗膜の耐久性が維持できなかったり、時として剥離を起こしたりすることもあります。このようなことも、リフォーム塗装に求められる注意点になります。

　乾燥した塗膜の厚みは10μ程度であり、被塗物に付着するための下塗り後、耐紫外線性能、防カビ、防藻などの付加性能を持つ上塗りを2回塗り（塗装間隔は同じ塗料であっても塗膜乾燥後の塗り重ねが必須）することで、長期にわたって外皮表面を保護する塗膜が得られます。

　下塗り塗料の下地への適性（表3-1）は塗膜形成上のトラブルを防ぐための重要な条件ですが、塗膜の耐久性は上塗りとの組み合わせにも左右されるため、リフォーム塗装に際しては、下地状態の把握とともに、下塗り、上塗り塗料の選択についても十分に考慮する必要があります。さらに意匠性を付与するためにテクスチャーを付けるかどうかなども材料の選択の条件となります。

　下塗りには、目的にあわせ、表3-2に示すような様々な塗料が製品化されています。

表3-1　被塗物と塗料の関係

被塗物の種類	素材の特徴と塗料選択の注意点
窯業サイディング 窯業系外装部材	基材の成分構成から蓄熱しやすく、内部の水蒸気が塗膜から放出されない場合、塗膜の剥離、部分的な変耐色などが起きやすい 水分が乾燥しにくい条件のサイディングに塗装を行う際には透湿性の高い塗料を用いる
金属サイディング	基材へ工場塗装されている旧塗膜に対し、十分な付着性を確保できる下塗り材の選択が重要
金属成形板	金属サイディング同様に旧塗膜との付着性が重要 表面が平滑で、現場塗装による刷毛痕やローラー痕、塗り重ね部分の艶の変化などが非常に目立ちやすい
モルタル等	通気層が無い直張りの場合、内部結露水などの放出が、新たな塗膜により妨げられるケースもあるため注意が必要 ひび割れの抑制を目的として弾性塗料が用いられるケースで水分による膨れが起きやすい モルタルの鏝押さえが原因で表層面が脆い場合は、脆い層に含侵し、固める下塗りを用いて塗膜の付着性を確保する
ＡＬＣ板（軽量気泡コンクリート板）	巣穴だらけの基材、蓄熱性に注意が必要 新築時に必ず塗装されるため、使われている旧塗膜との相性なども含め、透湿性も考慮した塗料の選択が必要
タイル張り （モルタル下地）	意匠や付着性から考えても塗膜で覆うことは望ましくないため、下地への含侵による中性化防止が期待できる浸透型保護剤を用いる
タイル張り （ALC下地）	ＡＬＣ板の表面強度や基材自体の性質などを考えると、塗装による保護は非常に難しい

表3-2　下塗り用塗料の種類と特徴

呼び名	特徴	粘度
シーラー （プライマー）	主に基材と上塗りとの付着を補助するために用いられる材料 表層だけでなく、基材に含侵し、基材表面強度を向上させる性質を持つ製品もある	低粘度
フィラー	主に基材表面の凹凸が多い場合に用いる、比較的厚めの膜を形成出来る材料 シーラー等により基材との付着性を向上させたうえで、表層のテクスチャーを変えるために用いる場合もある	高粘度
微弾性フィラー	主に改修用途に使われる下塗塗料 旧塗膜があれば、シーラーを用いなくても付着力を維持できる機能を持つ製品が多い、基材に凹凸がある場合に、表層を若干滑らかにする程度の厚みを付けられ、製品によっては特殊なローラーで、テクスチャーを変化させることも可能 「微弾性」は、塗料を塗った板を曲げても、割れが生じないことを基準として作られた製品区分	中〜高粘度
弾性塗材 （防水型塗材）	見た目には、フィラーや微弾性フィラーとよく似ているが、塗膜が高い伸び率まで破断せず、防水を目的とした塗料 水分を透過させないため、下地に含まれる水分で膨れが生じることもあり、使用の際には特に注意が必要	高粘度

　塗装の劣化では、退色やチョーキング（白亜化）などが代表的なものとして広く知られています。塗料に含まれる色の成分の大半は有機顔料であるため、紫外線などによる退色を避けることは出来ません。また塗膜表面部分の劣化によるチョーキングを止めることも出来ません。

　しかし、これらの劣化のほとんどは、塗膜表層の数ミクロンの部分の劣化であり、この劣化した表層を除去する（拭き取る）ことにより、劣化していない健全な塗膜表層が顔を出すことになります。塗膜の一部が劣化しても塗膜全体がダメになったわけではないのです。

　ただし、部分的に変色が起きる場合などは、塗料の不具合である可能性や、下地基材が原因で変色するケースもあります。また塗膜の膨れや剥れなどは、旧塗膜が下地に適切に付着していないために起こるケースもあります。このようなトラブルが起きないかどうかを調査することが、リフォーム塗装工事では一番最初の重要な仕事です。

　リフォーム塗装にあたっては、安易に「塗り替え時期だから」とか、「隣が塗り替えたから」ではなく、発注者が施工者の選択とともに下地の状態や塗装の内容について十分な検討をすることが、トラブルを避け、かつ建物を適切に保護することに繋がります。

サッシ

　外壁の開口部（P14）に設置される、採光材料（ガラス）とその支持部材で構成される部品。

　開口部の内観を図3-5に示します。サッシ（sash）は本来、障子部分を指す語ですが、通例、枠と障子を含めたものをサッシと呼びます。障子はガラスとガラスの周辺を支持する框（かまち）で構成されます。額縁はサッシ本体ではなく、枠と壁仕上げの見切り部材です。

　サッシ枠の形状や材質、性能、開閉形式などは建物の立地、規模、構

造、用途などにより選択できるように様々なものがあります。

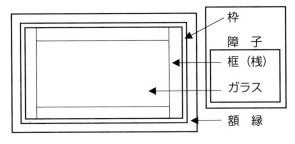

図3-5　サッシ各部の名称

　サッシ（枠、框）の材質として以下の種類があり、特に断熱性能が種類によって著しく異なります。

アルミサッシ

　我が国では一般的に使用されている材質です。軽く開閉が楽であり、錆・腐食には強いのですが結露しやすく断熱性に劣ります。

アルミ樹脂複合サッシ

　室外側にアルミ、室内側に樹脂を組み合わせたサッシです。アルミサッシの結露しやすい欠点を多少改善しています。

樹脂サッシ

　合成樹脂製で熱伝導が低く断熱性が高いサッシです。複層ガラスとの組み合わせで高い断熱性が得られ、水密性、気密性にも優れます。価格はアルミよりも高めです。

木製サッシ

　質感・風合いが良いのが木製サッシです。結露には強いのですが腐朽・摩耗など耐久性にやや劣ります。無垢材、集成材、積層材を用いたものがあり、経年変化による木の狂いなどを克服する工夫も施されています。

　窓の性能は、住宅性能表示のほか、社会的な背景により要求される項目及び等級があり、JISや建築基準法などにより規定されています。（一社）日本サッシ協会では、消費者に正しく情報を伝える目的で窓の性能

を（窓の基本性能である3項目／安全・安心に関係する3項目／居住の快適性に関係する4項目）の10項目で示しています（図3-6）。

※窓の性能表示マーク（性能ピクト）は（一社）日本サッシ協会が窓の性能を普及促進する目的で定めた登録商標です。

図3-6　窓の各種の性能
（一社）日本サッシ協会HPより

　防火性能に関しては、建築基準法および同法施行令により要求性能が定められており、防火地域や準防火地域では要求される防火性能が認定されたサッシやドアセットを使用する必要があります。

　サッシの枠形状は躯体に対する取り付け位置により、サッシ枠が壁厚内に納まる内付けタイプと、壁厚の外に出る外付けタイプに大きく分かれ、日本では枠の一部が壁厚の外部側に出る、半外付けタイプ（図3-7）が主流です。

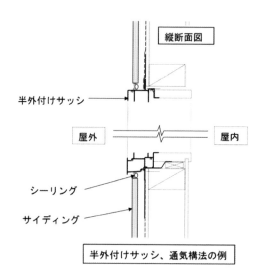

図3-7　木造住宅用半外付けサッシの縦断面
（国総研資料第975号 第Ⅱ章より）

住宅の断熱において、最も熱損失が多いのは窓です。そのため諸外国は窓の断熱性に対して厳しい最低基準を設けています。複層ガラス以上が常識となった現状において、窓の断熱性能に関しては枠材（框を含む）の断熱性が重要になります。枠材の断熱性能は、低い順からアルミ、アルミ樹脂複合、樹脂、木製となります。その結果、大半の諸外国で、樹脂サッシが最も多いサッシとなっています（図3-8）。木製サッシは高性能ですが、高価であることから、普及率は樹脂より低くなっています。

　日本ではアルミが１割、アルミ樹脂複合が７割、樹脂が２割程度というのが実態に近いようです。

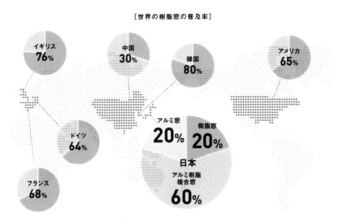

図3-8　世界各国のサッシ材質の比率
（2019年、YKK AP調べ）

　JIS規格で、窓の断熱性は、H-1〜H-５の５等級に区分（図3-9）され、最も上位のH-５の熱貫流率が2.33W/㎡・K以下です。省エネ建材等級表示区分でも４つ星がJISのH-5等級と同じ熱貫流率となっています。一方、環境先進国は、窓に対して厳しい断熱基準を設けており、米国ニューヨーク州では、熱貫流率1.98W/㎡・K以下の性能をもつ窓を使うことが義務付けられ、樹脂または木製でLow-E複層ガラス入り以上の窓でなければ建設することが出来ません。北欧諸国では更に断熱性能が高いサッシを使用することが求められます。即ち、使用するサッシ

が日本の最高等級H- 5のサッシであっても、これらの地域では建設出来ない場合があるということです。

断熱性　屋内の熱移動をどれくらい抑えることができるかを示す性能

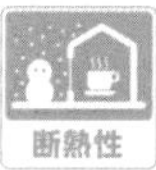

JIS等級	熱貫流抵抗	(参考)熱貫流率
H-1	0.215㎡・K/W以上	4.65W/(㎡・K)以下
H-2	0.246㎡・K/W以上	4.07W/(㎡・K)以下
H-3	0.287㎡・K/W以上	3.49W/(㎡・K)以下
H-4	0.344㎡・K/W以上	2.91W/(㎡・K)以下
H-5	0.430㎡・K/W以上	2.33W/(㎡・K)以下

※HはHeatの頭文字です。

図3-9　サッシの断熱性の等級

（一社）日本サッシ協会HPより

窓は結露に悩まされることが最も多い箇所です。特に温度が最も低くなりやすい窓の最下部の枠材がアルミである場合、特段加湿してなくても普通に結露が生じます。アルミ樹脂複合になると、温暖地で加湿しない場合は結露が発生しないこともありえます。省エネだけを見ていれば「アルミ樹脂複合サッシでもいいのでは」という声が聞かれます。しかしながら、結露によるカビ被害や木材の劣化を考えると樹脂サッシ、もしくは木製サッシが強く推奨されます。

住宅の耐久性に関して、窓まわりの防水性確保は重要な課題（P18）です。サッシの水密性は、JIS A4706（サッシ）が指定する水密性試験(JIS A 1517(建具の水密性試験方法)により, W-1 ~ W-5まで区分(図3-10）され、所定の圧力差で加圧中に枠外への流れ出し、しぶき、吹き出し、あふれ出しの状況が発生していないことを確認します。

水密性　屋内への雨水浸入をどの程度防げるかを示す性能

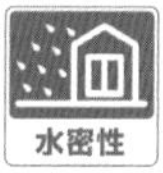

JIS等級	圧力差	(参考)風速換算値
W-1	100Pa	風速は 9~15m/sに該当します。
W-2	150Pa	風速は11~19m/sに該当します。
W-3	250Pa	風速は14~24m/sに該当します。
W-4	350Pa	風速は16~29m/sに該当します。
W-5	500Pa	風速は20~35m/sに該当します。

※WはWaterの頭文字です。

必要等級の目安

水密性能のJIS等級	W-1	W-2	W-3	W-4	W-5
選択の目安	市街地住宅	市街地住宅	市街地住宅		
		郊外住宅	郊外住宅	郊外住宅	
			低層ビル	低層ビル	低層ビル
				中高層ビル	中高層ビル

※上表は一般的な地域における目安です。建物の立地条件、使用条件等によって異なります。

図3-10　サッシの水密性の等級区分

（一社）日本サッシ協会HPより

しかし、これらの性能は、主に開閉部の性能であり、窓まわりの防水性能を示すものではありません。窓まわりの防水性は、サッシ枠自体の水密性と枠まわりの防水処理状況により影響を受けます。

アルミサッシは、上下の縦枠と横枠の間に水密材としてシーラー材が挟み込まれています（写真3-6）が、シーラー材は途中までで、その外側は縦枠と横枠に隙間が生じています。サッシ上部の防水テープ貼り付け位置は、毛細管現象による影響を避けるため、上枠面より少し高い位置にします。このため、シーラー材まわりでは、サッシフィンと防水テープの重なりが著しく少なくなり、水みちが生じやすくなります。サッシ上部は、通気層内に浸入した雨水が滞留しやすい部位であり、漏水リスクが高くなりやすいので十分な注意が必要です。シーラー材はサッシを組み立てるときの不注意や現場での無理な扱い方により隙間ができたり、歪みが生じたりすることがあり、それも雨漏りの原因となります。

また、シーラー材やビスの凹凸によりサッシフィンに張り付ける防水テープに水みち（写真3-7）が発生して漏水リスクが高まるので、丁寧な圧着が必要です。

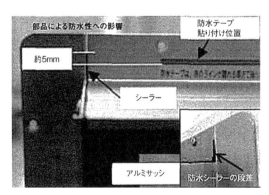

写真3-6　窓まわりの防水性に関係するアルミサッシ枠材の継目の構造

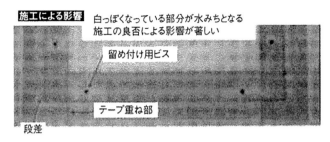

写真3-7　サッシの留付けビスや段差により防水テープに生じた水みち

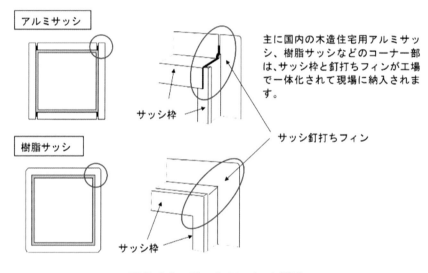

図3-11　サッシフィンの構造

　一方、樹脂サッシは、縦枠と横枠を工場内で溶着している（図3-11）ため、シーラーもなく隙間が生じませんが、アルミサッシよりもサッシフィンが厚く、防水テープ貼り付け部分の段差が大きくなるので、十分に密着していることを確認する必要があります。

　サッシの種類によっては、サッシ留め付けフィンが一体化されていないもの（図3-12）があり、通常の留め付け方法では、防水性を確保することが困難です。コーナー部は，専用の防水部材を用いてサッシフィン同士を一体化させる必要があります。

【アルミサッシ、アルミ木製複合サッシなど】

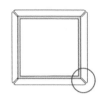

コーナー部のサッシ釘打ちフィンが一体化されていない海外の製品もあります。

コーナー部は専用防水部材用い、フィンどうしを一体化させます

【樹脂サッシ、樹脂木製複合サッシなど】

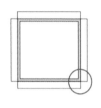

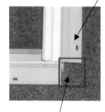

サッシ仮固定用、可動フィン

樹脂製サッシ枠

可動式

可動式

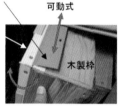

木製枠

コーナー部は専用防水部材用い、フィンどうしを一体化させます。

可動フィンは防水の弱点になります。防水テープ、シーリング材などを用い、サッシ枠と可動フィンを一体化させます。

図3-12　留め付けフィンが一体化されていないサッシ

出隅・入隅

　建物平面の外側（出隅）、内側（入隅）に向いたコーナー部。出隅と入隅は、どちらもトラブルの多い場所です。位置的な特性として、出隅は雨がかりが多く、入隅は日陰になりやすくて通風が悪くなります。壁の中の通気が十分確保できず、劣化しやすいというのも特徴です。

　入隅は出隅ほど濡れやすいことはありませんが、基本的には壁と壁がぶつかるところなので、納まりが複雑になります。また、壁の中の換気や通気が悪くなりやすい場所でもあります。

　入隅部は下地胴縁や片ハットジョイナーなどが非常に近い位置に重な

るため、通気がうまくとれず、躯体木部が腐りやすくなります。また、日陰になると相対湿度が上がりやすく、そのため温度が低くなると結露が起こります。

　南側なら方位が270度まで日光が当たりますが、北側は90度以内の日光しか当たらない計算になります。このため、特に北東の角を切り欠いたような入隅では、一日中ほとんど日光が当りません。

　バルコニーの手すり壁やパラペットの出隅、入隅も環境が悪くなりがちです。笠木の継ぎ目の部分から水が入りやすいからです。つまり、出隅、入隅が多いバルコニーはリスクが高いということになります。

写真3-8　外壁の出隅・入隅

独立柱

　周囲に壁がない四方が外部に露出した柱。玄関などに多く設けられます。無垢の木材を使っている場合はまだいいのですが、問題は外壁と同じように4面を仕上げる場合です。四方が外気にさらされるため壁の中の柱より条件が悪くなります。本来は外壁と同じように通気構法にしなければいけないのですが、通気層をとると、もとの柱より3倍ほど太い柱になってしまいます。そのため、直に柱に外壁材を張ることがあります。すると木材が置かれる環境としていい条件にはなりません。直張りでは中が腐っている場合もあります。

　また玄関の場合、柱の根元に雨がはねかえります。そのため基礎の高さを高くしたり、基礎と柱の間に金属の束をつけたりします。木の柱の地盤からの高さは、コンクリートの土間の場合35cmくらいあれば安全です。

写真3-9　独立柱

独立化粧梁

　上下に壁が無く、四方が外部に露出した梁。独立柱を横にしたような独立梁は高リスクです。

　壁と一体化している梁は動きにくいけれど、独立していると動きやすい。これは当然のことです。地震で建物が揺れたりすると梁に大きな変形が生じてひび割れ発生などの原因になります。

　防水紙をどのようにつなげるかという問題もあります。住宅の耐久性を考えると、できることならなくしたい部材のひとつです。

　別荘に多く見られる木の梁の場合、乾燥しやすいので大きな問題にはなりません。一番問題なのは、モルタルなどで巻いてある独立梁です。一度水がしみこむと乾燥しにくい造りです。通気構法にはなっていない場合が多くトラブルの原因になります。

　また、笠木の壁当り部に事故が多く報告されています。外壁と化粧梁がぶつかるところもリスクの多い箇所です。

　深い軒の出を支えるための柱を独立梁で受けるようなケースでは、柱と梁のとりあいは相当注意しないといけないのですが、そこまで意識して施工されていない場合も多々あるようです。

写真3-10　独立梁

幕板

外壁面の高さ方向の中間部に化粧目的で張る板。

縦張りサイディングの場合、長さが上から下まで全部通すには足りないので途中で継ぐことになります。その継ぎ目に見切りとして幕板が多く使われます。また上階と下階で縦張りと横張り、あるいは乾式仕上げと湿式仕上げを切り替える場合などにも使われます。そのため横張りサイディングには無くてもよいものですし、最近では縦張りでも幕板無しの意匠が増えています。

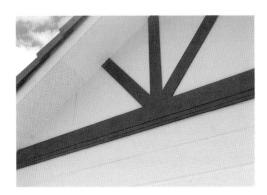

写真3-11　幕板

材料は窯業系か樹脂系です。窯業部材の場合、厚みが大きくなりすぎない範囲で凹凸をつけて外壁に接する面積を減らしたものもあります。取り付けは釘打ちまたは金具留めとします。

外壁材と幕板の間に雨水が回ると、釘孔から壁内に水が浸入したり、幕板の裏面からの吸水により劣化したりするケースがあります。このため、幕板の上端と外装材の間にシーリングを施工します。下端部はシーリングを施工しないで雨水が排出されるようにします。

窯業系素材の場合、上端部への積雪や雨水の滞留により、凍害が発生

する恐れがあるため、寒冷地では上端部に水切りを施工するようにします。

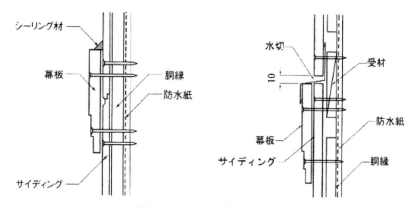

図3-13　外装材と幕板の納まり（釘打ち工法）
(日本建築学会「木造住宅外皮の防水設計・施工指針および防水設計・施工要領 (案)」2021より)

小径部材貫通部

　給排気ダクト配管、配線などの小径部品が外壁を貫通する部分。たとえばエアコンの配管他、各種配線など、住宅には内部と外部を貫いて通さなければならないものが多々発生します。最初からそれを計画して場所を決めて施工すれば、専用の部材や役物があるので、それらを使用して二次止水層の連続性を保ったまま貫通させることが可能です。

　しかし、防水シートの施工後に貫通させると、その周辺の防水処理はどうしても不完全になります。

　貫通部に用いる防水部材には、伸長性のテープや、配管まわりにゴムが密着して水が入りにくくなる部材、円盤のような形状の役物など様々なものがあります。どの部材を用いても適切に施工し、水漏れしなければ問題ないのですが、施工者の技量に頼るものもあり、施工時には特に注意しなければなりません。

また、接着性のあるものを用いた場合、接着材が配管の広い範囲など
に付着すると、外壁材との取り合いに用いられるシーリング材との相性
が悪いケースもあり、こんなところも注意しなければならないポイント
になります。

　後付けのエアコンであれば、壁の中で処理することはできないので、
防水シートに孔が明いたままになります。当然、そこで防水の連続性が
損なわれてしまいます。

　新築でも、エアコンだけ電気店で買うという建主もいます。その場合、
工務店と良く打合せ、エアコン取付位置に事前にエアコン用のスリーブ
を施工してもらうようにします。この打合せが行われていない場合、後
付けと同じ問題が起きます。

　その他、新築でも後付けになってしまう配線がある場合、必要な配線
をまとめて通せるよう、あらかじめ配管しておくといいでしょう。

　配管類は外に向けて下がるように入れるのが鉄則です。外の方が高い
と雨水の浸入のもとになります。

　また、配管が抜ける部分の裏には下地となる面材が必要です。耐力壁
の構造には合板などの面材を張る方式と、筋かいで支える方式がありま
す。筋かい方式の場合は面材がないので、配管を通したときに中でグラ
グラしたり、向きが変わってしまったりするケースがあります。下地用
の板を張るか、柱の間に下地材を渡して配管を挟んで固定し、動かない
ようにすることが重要です。

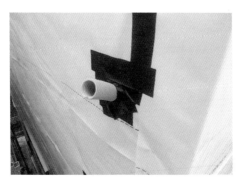

写真3-12　小径部材貫通部（悪い例、管の外側が高くなっている）

ルーフバルコニー

　階下の居室の屋根を兼ねたバルコニー。

　屋根とバルコニーが一体化していて、庭の役割も果たします。

　漏水すると下階への雨漏りの原因となるので、防水が非常に重要な場所になります。漏水は床面だけでなく、手摺壁の笠木や壁との取り合い部からも起きます。また、防水層の立ち上がりと手すり壁、掃き出し窓サッシの取り合い部も漏水しやすい部位です（P168、図8）。

　床の防水層は、ＦＲＰ・塩ビシート・金属等の種類があります（第Ⅰ巻P76〜82参照）。

　ルーフバルコニーのもう一つの問題点は防水床の下地空間、および下階の居室の間の天井裏空間の換気が不十分になり、内部結露による躯体の劣化が起きやすいことです。このための対策として、剛床開口（第Ⅰ巻P72）や手すり外壁面材通気部材（P233）などがあります。

外観　　　　　　　　　　　　　　　　内側

写真3-13　ルーフバルコニー

手すり壁

居住者の墜落防止のためバルコニーの防水床外周に立ち上げる壁。

建物と一体化したバルコニーが作られるようになってから、壁の形状の手すりが一般化しました。

問題が起きやすいのが、階下の外壁と連続して手すり壁になっている場合です。手すり壁の中に雨水が浸入した場合、それが階下の開口部上端にたまり、躯体に浸入することにつながるからです。

そのような雨漏りを防ぐために、手摺壁の通気層の上端をサイディング材などで閉塞処理する場合が多くありますが、そうすると今度は結露事故につながります。特に、工事中に雨が降り、含水率が高い状態のまま外装材を施工し、手摺壁の天端を密閉すると、腐朽劣化を起こす確率が高くなります。防雨機能のある笠木下換気部材を設置し、雨水浸入と結露の両方を防ぐ必要があります。

手すり壁上面は、住宅外皮の中でも数少ない水平面のディテールです。そこに、笠木固定用の金物を設置するので雨漏りリスクの高い部位になります。

笠木の継ぎ目あるいは笠木と手すり壁の間から浸入した雨水は、手すり壁上面に滞留し、固定金物を緊結するビスの二次止水層貫通孔から漏水する確率が高くなります。

以前は手すり壁上部に透湿防水シートを張り掛け、その上に鞍掛シートを張っていましたが、近年研究が進み、上面に透湿防水シートを張り掛けずに両面防水テープを張り、鞍掛シートを張ったほうが漏水の確率が低くなることが分かってきました（P122参照）。

緊結ビスの下穴を開けるときに木くずが発生します。透湿防水シートが下だと、木くずがその間に挟まり防水性を損ないます。防水テープを下に入れたほうがビスとの密着性が上がり漏水リスクが下がるのです。いずれにしても手すり壁は雨漏りと結露の両面でリスクが高い部位に変

わりはありません。

　このようなリスクを回避する上で参考になるのが、カナダの木造住宅のディテールです。カナダの木造住宅のバルコニーでは、手すり壁ではなく、写真3-14のような床の側面に取り付けられた金属手すりを多く見かけます。

写真3-14　手すり壁ではなく、柵状の金属手すり部材を床の側面に取り付けたバルコニー（カナダ、バンクーバー）

コラム　工法と構法

　この二つも孔と口、孔と穴（P113）と同様に、どちらの漢字を使うのが正しいのかよく話題になる用語です。発音が同じでまぎらわしいため、会話で二つを区別するのに、＜エこうほう＞＜構えるこうほう＞などと呼び分けたりします。工法は工事方法の、また、構法は構造方法の略と考えると、使い分けのルールもおのずからはっきりしてくるのではないでしょうか。

　工事方法は異なるが、出来上がりは同じものの呼び分けには、「○○工法」を用いるのが適切と考えられます。「アスファルト防水熱工法」や「解体工法」がその例です。

　一方、工事の対象物や部位が同じで、出来姿の構成が異なる、言い換えると断面図が異なっているものの呼び分けには「○○構法」がより適切と考えられます。「通気構法」や「外張り断熱構法」はその例です。

　木造住宅の躯体で、軸組構法とは明らかに出来姿の構成が異なる「2×4構法」の公式名称は「枠組壁工法」で、上述の原則に合いませんが、これは旧建設省の告示制定時に決められた名称なので、そのまま表記するのが通例になっています。

第4章

屋根の部材と耐久性のポイント

瓦

　屋根にうろこ状に葺く平板または波板形状の小片厚板。通常、粘土を原料として成形、焼成した粘土瓦を指します。その他にセメントモルタルを高圧成型したPCかわら、歴史的には石を加工した石瓦などもあります。以下、粘土瓦について述べます。

　粘土瓦は、千年以上の歴史がある建築材料で、かつては日本の各地で、その地域で消費される、それぞれ特色のある瓦（地瓦）が生産されていましたが、現在では主産地が愛知（三州瓦）、島根（石州瓦）、兵庫（淡路瓦）に集約されています。

　材質的には陶器に分類され、焼成方法により、いぶし瓦、釉（ゆう）薬瓦、無釉瓦に区分されます。住宅屋根に用いられる瓦の形状は、JISA5208「粘土かわら」で規定している、J形、S形、F形の3種があります。J形は江戸時代から伝わる伝統的な形で和瓦とも呼ばれます。S形はスパニッシュ瓦を模したものです。F形は平板状の瓦ですが、メーカーがそれぞれ独自の形状の瓦を製造しており、浅い溝や波がついた形状もあります。

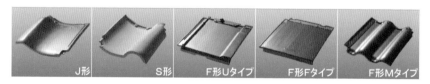

写真4-1　粘土瓦の形状
（国総研資料第975号より）

　平部に葺く桟がわらの他に、軒、けらば、棟などに葺く役瓦があり、特にJ形では多くの役瓦が用いられます。寸法は瓦の形状、産地により異なり、1坪当たりの葺き枚数は40から60程度です。特にJ形の寸法

には多くの種類がありますが、1坪当たりの葺き枚数が53枚の53判が主流になっています。厚さはいずれも15mm程度です。

　粘土瓦の特長は屋根材の中でも特に耐久性に優れることです。これは奈良元興寺（創建6世紀末）本堂の屋根瓦の一部に、現在でも飛鳥時代の古瓦が使われていることから知ることができます。民家の屋根でも100年以上前の瓦が使われている例は珍しくありません。

写真4-2　200年前の瓦が載った寺院の屋根（愛知県高浜市）

　以前の粘土瓦は吸水率が大きく、寒冷地で凍害を受けることがありましたが、製法が進んだ現在の瓦で吸水率が小さいものは、凍害の心配は少なくなっています。また、防水性に関して、粘土瓦は原料と製法上、重ね部にどうしてもわずかな隙間ができるため、そこから少量の雨水が裏面に回ることは避けられません。したがって二次止水層として下葺き材が必須です。しかし、この隙間があるため、浸入した雨水が乾燥しやすく、屋根の防水性として問題になることはありません。

　通常の葺き方は、野地板の上にルーフィングを下葺きした上に縦桟と瓦桟木で下地を作り、瓦桟木に瓦上部の突起（爪）を引っ掛けて釘またはビスで桟木に緊結します。J形、S形では左右方向、上下方向とも瓦を重ね、F形では左右方向はかみ合わせ、上下方向を重ねます。現在、防災瓦と呼ばれる、瓦の一部が隣り合う瓦とかみ合って、風による引き上げに対して抵抗力を高めた構造の瓦がほとんどになっています。

　粘土瓦は重量が大きいために、下地への留め付け方法や箇所数が不十分だと地震時にずれや脱落が起きやすくなります。過去の大震災でも多くの瓦屋根の被害が起き、特にのし瓦を何段にも積むために重量が大きいJ形瓦の棟部は被害が集中する部位になっています。留め付けが不十分な瓦屋根では台風でも大きな被害が発生しています（資料編、屋根の不具合）。瓦の安全な留め付けに関しては、国と瓦屋根工事関連の団体が連携して定めた「瓦屋根標準設計・施工ガイドライン」があり、これに準拠して工事を行うことが求められます。

　また、瓦屋根では下地の耐久性を確保することが重要です。従前の瓦屋根の下地は製材の野地板、杉皮や土居葺きによる下葺き、葺き土による瓦の固定など、透湿抵抗が低い層構成で、瓦の通気性と相まって浸入雨水や結露による劣化が起きにくい構造になっていました。現在の瓦屋根の下地には合板の野地板、アスファルトルーフィングの下葺きなど透湿抵抗が高い材料が使われ、緊結耐力確保のために多数の釘類が下葺き材を貫通する構造になっています。このため、上部の瓦はまだ十分使える状態であっても、下地が浸入雨水や結露によって先に劣化し、やむなく屋根の解体・更新をしなければならないケースが多いことが指摘されています。粘土瓦の高い耐久性を生かし、長寿命の屋根を実現するには、通気下地屋根構法（第Ⅰ巻、P92）の採用が有効と考えられます。

スレート

　鉱物質素材の薄肉平板状屋根材の総称。スレート（slate）は英語で粘板岩のことです。粘板岩は成因上薄層に剥がしやすいので昔から屋根材として利用されてきました。現在ではこれらは天然スレート（写真4-3）と呼び、一般にスレートという場合は天然スレートの代用品としてセメント系の素材で作った工業製品を指します。

写真4-3　天然スレート葺き屋根（東京駅）

　スレートには工場の屋根やプラットホームの上屋用に用いられる、連続波形状に成形した大判のスレート波板もありますが、住宅に用いられるのは、小形の平板状もしくは瓦形状で表面に塗装や着色鉱物粒子で化粧を施した製品（JIS名称：住宅屋根用化粧スレート）です。各種の形状、寸法の製品がありますが、主流は縦414mm、横910mm、厚さ6.5mmの平板形状のものです。この製品は比較的軽量で施工能率が良く、低コストのため広く用いられています。

　葺き方は、横方向は突き付けとし、縦方向に重ねながら下地に釘打ちで留付けます。雨水は突きつけ目地から下に回るので、直下の位置にスレートを配置してこの雨水を受けるようにします。（図4-1）このため外観は必然的に破れ目地の形になります。重ねは十分あるように見えますが、突きつけ目地から下に雨水が回るので、実質的な有効重ね寸法は1段おいたスレートとの重ねになります。

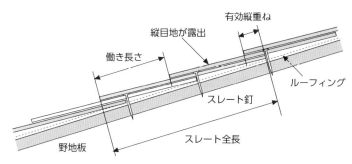

図4-1　平板形スレートの重ね方

　瓦に比べて葺き材が密着しているため、雨粒の吹込みは少ない反面、毛細管作用による重ね内部への雨水の浸入が起きやすく、特に経年後は重ね内部に土埃が堆積し、一層雨水の吸い上げが起きやすくなります。また、重ね部内部を横方向に移動して、けらば水切り内部に浸入した雨水が、捨て水切りから野地面にオーバーフローする現象も多く報告されています。通常構法では、スレートを野地板に直に釘打ちするため、裏面に浸入した雨水は釘まわりから下葺き材を通して野地板を濡らします。浸入雨水の影響を軽減し、下地の耐久性を高めるには通気下地屋根構法（第Ⅰ巻P92）の採用が有効です。

　その他の耐久性の問題として表面化粧層の劣化とメンテナンスがあります。

　通常のスレート屋根は変退色するので10年から20年くらいで塗装のメンテナンスを行います。その際、上下の重なり部分に塗料が入って、スレートの重なりが密着してしまうとスレートの裏面に浸入した水の出口がなくなり、釘孔のまわりに溜まった水がやがて室内へ漏れてきます。塗装をして見た目はきれいでも、中は野地板まで腐っているケースもあります。塗装した翌日にカッターで縁切りして密着していない状態にする必要がありますが、塗装業の主な専門分野は壁なので、屋根塗装の後の縁切りについて知らない業者もいます（資料編「屋根の不具合、事例3」参照）。

　他に踏み割れの問題があります。スレートは薄肉で硬い材質のため、大きな変形を受けるとひび割れが発生し、雨漏りや風被害の原因になります。下地の剛性が不足していると踏み割れを起こしやすいので注意が必要です。

金属板

　屋根葺きに用いる金属薄板。金属板屋根には野地板を用いず、屋根材自体が屋根層を形成する構造性能を備えた折板葺きなどの構法と、野地板に下葺き材を施工し、その上に金属板を施工する構法とがあります。戸建て住宅では一般に後者が用いられます。以下ではこの構法について述べます。

　金属板の材質としては鋼板にめっき層と焼き付け塗装を施した表面処理鋼板と、銅、アルミニウム、亜鉛、チタンなどの非鉄金属板があります。表面処理鋼板のめっきには以前は溶融亜鉛めっきが用いられましたが、現在はアルミニウムと亜鉛を主体とした合金のめっきが主流で、亜鉛にアルミニウム55％を加えた合金でめっきした鋼板（商品名：ガルバリウム鋼板）が代表的です。使用板厚は葺き方にもよりますが、0.35mmから0.4mmが中心です。

　金属板は形状が自由になるため、葺き方には伝統的な一文字葺きなどの平葺き、縦線をデザインとして見せる立平葺き、横線を見せる横葺き、瓦に似せたプレス成型瓦など多くの種類があります。以前は板金職人が

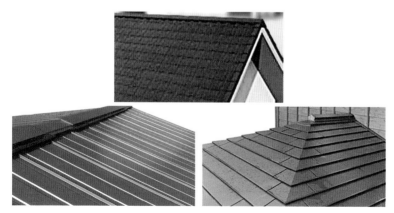

写真4-4　金属板を用いた屋根の葺き方の例

現場で板を加工して葺いていましたが、現在は工場で成形した部材を施工することがほとんどです。

　下地への取り付けは吊り子と呼ばれる緊結具を用いる場合と、直接部材をビスなどで緊結する場合があります。板同士の接合方式には金属板の塑性変形性を利用したはぜ締め、あるいは大きな弾性変形を利用した嵌合があります。

　金属板屋根の特徴は軽くて水密性が高いことです。強度が高く積雪による損傷を受けにくい、吸水しないため凍害の恐れがない、すが漏れにも強いことから特に寒冷地の屋根材として使われてきましたが、近年は一般地の屋根材としてもシェアを伸ばしています。

　金属屋根は暑い、そして雨音がうるさいと言われてきました。今では暑さの問題は断熱材と組み合わせることで弱点を克服できます。音に関しては音消し材（インシュレーションボードなど）を下に入れるという工法もあります。

　耐久性上の問題点として、毛細管現象による雨漏りがあります。接合部の隙間が非常に密着するので、雨粒が吹き込まないという面ではいいのですが、狭い隙間から重力に関係なく、水が吸い上がる毛細管現象で浸入した水分がいつまでも乾燥せず、金属板と野地板の両方が腐ることがあります。特に軒先部で唐草をつかみこむ部分は、必ずピンホールができるため、雨水の吸い上げによる軒先部の劣化が大きな問題になります。

写真4-5　強風で一体に剥がれた金属板屋根材

また、重なっているだけの瓦と違い、金属板を嵌合やはぜで連結するので屋根全体が1枚のシートのようになります。すると裏に風が吹き込んだとき、風の抜け場がなく屋根葺き材全体が一度に飛ぶという被害の特徴があります（写真4-5）。これらは密着することで雨風に強いというメリットが、同時に弱点にもなるケースです。

鋼板のめっきに使われるアルミは耐食性に優れる反面、硬くて、追随性は少し劣ります。亜鉛には粘りと追随性があります。平滑部ではアルミが強く、加工部では亜鉛の犠牲防食作用で鋼材の錆を防ぐ性質があります。表面処理鋼板はミルフィーユのような層状に積層された金属材料です。心材が鉄なので、板を切断した場合、その断面は鉄が剥き出しになって錆が発生することがあります。またアルミニウム成分が多い場合、強く加工しすぎるとめっき層が割れ、錆の原因になることもあります。非鉄金属板やステンレスではこの問題はありません。

なお、一般的に金属材料のメーカーによる保証の対象は未加工の原板の場合が多く、金属屋根材のように加工した場合は加工の内容によって保証外となるケースがあります。ユーザー側はこの部分を知らず誤解している場合が少なくありません。

金属板屋根とひとことでいっても様々な材質があり、それぞれ特性が違います。どれもメリットとデメリットがあるので、地域性や使用する部位によって適切な部材を選ぶことが、建物の耐久性を高めるポイントになります。

野地合板

合板を隙間なくたるきに打ち付けた野地板。野地板には昔ながらの製材の野地板、構造用合板の野地板、その他のボード類の野地板などがあります。構造用合板は薄い単板の層を接着剤で貼り重ねた（標準的には

5層）部材です。もともと化粧スレートの野地板には合板が用いられていますが、製材の野地板よりも面内剛性が優れているため、他の屋根材でも合板が使われることが多くなっています。

　野地合板のデメリットは、接着剤層があるため湿気を通しにくいことです。雨の日に施工して濡れるようなことがあれば、水分はなかなか排出されません。現在では合板の接着耐久性が上がっているため以前ほど問題は起きにくいようですが、それでも長期間の含水と乾燥の繰り返しで釘の保持力の低下や接着破壊が進んだ事例もあります。合板材料の問題だけでなく、小屋裏の湿気が逃げにくい点でも問題があります。

　合板以外の野地板にはMDFなど透湿性の良いものもあります。屋根断熱の施工不備等による結露リスクがあっても湿気が抜けていくので、透湿ルーフィングの組み合わせで、結露リスクを低減できますが、屋根材と下地の間に通気ができる空間を設ける必要があります。一方、野地合板であれば、湿気を排出しやすい下地構法とすることでトラブルを防ぐことができます。

下葺き

　勾配屋根の二次止水層として屋根葺材の下に設ける部材（図4-2）。

　現状はアスファルト系の下葺き材が95％ほど用いられています。ヨーロッパでは野地合板を使用しないことが多いため、ほとんどが透湿ルーフィングとなっています。

　昔の瓦屋根には杉皮などの薄い板を野地板の上に張っていました。天然の透湿性と防水性を備えた下葺きで、現在の透湿ルーフィングのような性能をもっていました。

　下葺きは、雨漏りを防ぐために一番重要な部分であり、屋根の耐久性は、この下葺きをはじめとした屋根下地で左右されます。屋根材がどん

なに長持ちしても、下地の寿命が短ければ屋根全体はもちません。そのため、屋根下地の耐久性は住まいの耐久性における大きなポイントとなります。

　アスファルト系ルーフィング（次項）にしても透湿ルーフィング（P90）にしても、ルーフィングに孔があけば雨水が浸入したり、雨漏りにつながったりするリスクがあります。ルーフィングに孔をあけないことはとても重要です。屋根材が瓦の場合は、通気下地屋根構法であれば、瓦桟木をルーフィングから浮かせることで瓦をとめつける釘でルーフィングに孔を開けることがありません。日本建築学会JASS12「屋根工事」によれば、この構法を用いた高耐久仕様の瓦葺き屋根は、80年以上の高耐久性を目標にできるとされています。

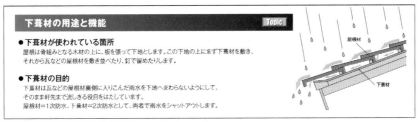

図4-2　下葺材の役割

アスファルトルーフィング・改質アスファルトルーフィング

　屋根の下葺きに用いるアスファルト系のシート状材料。

　屋根の雨漏りは、屋根材（一次防水）と下葺材（二次防水）の組み合わせで防ぎます。歴史的に、瓦屋根は下葺きに木の薄板や皮を用い、その上に土を乗せて瓦を固定する、土葺と呼ばれる工法が主流でした。1923年の関東大震災の後、重量の大きい土葺工法から、土を用いない瓦葺き工法や軽量化した様々な屋根材が登場し、それとともに下葺材は

アスファルトルーフィングが主流になりました。アスファルトルーフィングは原紙にアスファルトを染み込ませたもので、20世紀初頭に開発されました。当初、屋根材として1枚敷くのみで使用されることもあり、それは「便利瓦」と呼ばれていました。

　アスファルトルーフィングは、JIS A 6005「アスファルトルーフィングフェルト」に「原紙にアスファルトを含浸、被覆し、表裏面に鉱物質粉末を付着させたもの」と規定されており、図4-3のような構成になっています。屋根下葺き材として主に用いられて来たのは面積1m²あたりの呼び質量が940gのアスファルトルーフィング940という製品です。

図4-3　アスファルトルーフィングの構成

　アスファルトは不透水性で、熱などの影響で軟化流動し、下葺き材を野地板に仮留めするためのステープルや屋根材を緊結する釘などが貫通した孔をふさぐ性質があり、アスファルトルーフィングはこの特性を下葺き材としての用途に生かしたものです。

　改質アスファルトルーフィング屋根下葺材は、アスファルトに合成ゴムや合成樹脂を混合して、釘孔まわりのシーリング性や耐久性、低温時の施工性をアスファルトルーフィング940より高めたものです（図4-4）。開発の背景として住宅屋根用化粧スレートの普及が挙げられます。住宅屋根用化粧スレート葺は、屋根材を専用釘で直接下地に固定するため、下葺材はより高い釘孔シーリング性が求められるようになりま

した。また、近年、台風の大型化・集中豪雨、緩勾配屋根、太陽光発電の設置などにより、雨漏りリスクは多くなっており、より防水性能が高い、改質アスファルトルーフィングの採用が増えてきています。

一般社団法人 日本防水材料協会（JWMA）の調査によれば、現在、改質アスファルトルーフィング下葺材がアスファルトルーフィング940より多く使用されるようになっています。

1　釘穴シーリング性　水が漏れにくい

下葺材に釘を貫通させて水圧をかけた場合、「ARK04ˢ」では、試験体10のうち8以上漏水しない性能を求めています。

試験状況

下葺材

釘を貫通させても水が漏れにくい

2　寸法安定性　あばれにくい

太陽熱の影響を受けやすい屋根面において、**長手方向、幅方向とも±3mm以内の寸法安定性**を求めています。

試験状況

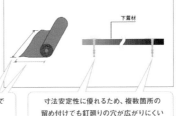

下葺材

寸法が安定しているので確実な施工ができる

寸法安定性に優れるため、複数箇所の留め付けても釘廻りの穴が広がりにくい

3　低温折り曲げ性能　亀裂が生じにくい

屋根の棟部や谷部、壁取り合い部で必ず発生する下葺材の「折り曲げ」。「ARK04ˢ」では、試験体10のうち9以上亀裂が発生しない性能を求めています。

試験状況

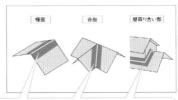

棟部　　谷部　　壁取り合い部

下葺材を折り曲げて使用する棟部や谷部、壁取り合い部でも亀裂が生じにくい

図4-4　改質アスファルトルーフィング下葺材の特徴
（日本防水材料協会「改質アスファルトルーフィング下葺材規格のおすすめ」より）

　改質アスファルトルーフィング下葺材の品質は、日本防水材料協会規格『改質アスファルトルーフィング下葺材ARK04s-04:2018』に規定されています。

　改質アスファルトルーフィング下葺材の中には、耐久性能を高めた製品もあり、耐用年数30年以上の実績があるものや、60年程度の長期使用を目標として技術的な裏付けに基づき耐用年数を高めた製品もあります。また、勾配が緩い屋根では、重ね部分から水が入り込む可能性があるので、下葺材の裏が粘着層になっている製品があります。下地にステープルがきかないケースなどにも用います。

透湿ルーフィング

　透湿性を付与した屋根下葺き用のシート状材料。JISA6111「透湿防水シート」では屋根用透湿防水シートに分類されます。

　通気構法の外壁では透湿防水シートが標準的に使われますが、屋根下葺き材としては従来から透湿性のないアスファルトルーフィングが主流でした。本来は屋根のほうが湿気を排出させなければいけない場所だという考え方が、透湿ルーフィングが開発された要因になっています。

　屋根下葺材の場合、施工時に人が上に乗ったり、ものを載せたりします。そのため外壁下地用のシートよりも破れにくく、滑りにくい加工が必要です。さらに重量もできるだけ抑えたいということがあります。屋根材を施工する前の状態での紫外線の影響もより大きいため、外壁下地用より高い品質が求められます。

　透湿ルーフィングには、不織布のみでできたものと、不織布と水を通さないごく細かい孔が明いたフィルムを重ね合わせたものの2種類があります。いずれも防水性は素材の撥水性によって発揮されます。

　ルーフィング材を下地に留めつけるときには仮留めをします。さらに

屋根材の施工にあたっては通常、ルーフィング材を貫通して、下地に釘などを打ちつけます。そのためルーフィング材は、素材自体が水を通さないことと同時に、釘が貫通した部分から水を漏らさないということも要求されます。釘の貫通部分に関しては、高分子素材の透湿ルーフィングよりもアスファルト系ルーフィング材のほうが、水が漏れにくいというメリットがあります。一方、湿潤した下地の乾燥しやすさを考えると、透湿性のあるルーフィング材にメリットがあります。

　透湿ルーフィングを用いた屋根は下地と屋根材の間から湿気が逃げなければ意味がないため、金属板などの湿気を通さない屋根材がルーフィングに密接する形で載る屋根には適さず、これまでは瓦葺きなど、下地との間に空間がある屋根に用途が限定されてきました（図4-5）。屋根材を下地に直かに留めずに、空間を置いて載せる通気下地屋根構法（第I巻P92）では湿気が逃げるので、金属屋根やスレート屋根でも問題ありません。

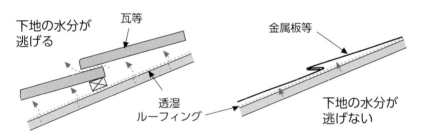

図4-5　透湿ルーフィングの働きと使い方

　ちなみに欧州では屋根下葺材として透湿ルーフィングのシェアが圧倒的ですが、これは瓦やスレート葺きでは野地なし構法が一般的であることと関係していると思われます。

雨樋

あまどい

　屋根面に降った雨水を集め、円滑に地上に導くための溝状または管状の部材。雨樋には、屋根軒先に設置される軒樋、軒樋内部の雨水を地面に導くため、建物に沿って上下方向に設けられる竪樋（縦樋）、軒樋から竪樋に雨水を導く呼び樋があります（図4-6）。

　その他、屋根から流れてきた水が合流するところに設けられる谷樋や、屋根面内部に設けられる内樋などもあります。

　樋の材質には塩化ビニル樹脂（塩ビ）、ガルバリウム鋼板、塩ビと金属を合成した塩ビ被覆鋼板などがあります。

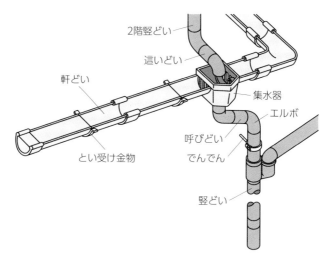

図4-6　住宅用雨樋の各部名称

　雨樋にまつわるトラブルに溢れ（あふれ）があります。樋の中に落ち葉などが堆積し、雨水の流下を妨げるために起きます。軒樋は溢れても建物本体にすぐに影響を及ぼすことがありませんが、谷樋や内樋の溢れは室内への雨漏りに直結します。

　破損した樋を放置しておくと、破損したところから集中して雨水が排出されることで、この雨水が当たる位置の屋根面や壁面からの雨漏りリスクが高まります。樋は雨水の通路なので、雨が降るたびに同じ位置に雨水が集まることが問題です。また、他にも寒冷地では竪樋の内部凍結による破損などのトラブルが挙げられます。

　呼び樋には、以前は板金職人がトタンや銅板で作った「あんこう」と呼ばれる部品が使われましたが、現在では集水器やエルボと呼ばれる部品で軒樋から竪樋に管で直結させます。

　また、壁や柱に沿って竪樋を取り付けるときに使う「でんでん」と呼ばれる金具があります。竪樋の外形に合わせて輪のように作られた金具を壁に打ち込み、その輪の中に樋を通します（写真4-6）。

　このとき、「でんでん」は外に向けて多少下向きになるよう打ち込む必要があります。これは竪樋の外面を流れる雨水が「でんでん」の足を伝わって壁内に入り込み、木部を劣化させないためです。

　また最近ではビスで固定する足がついたL字の金具などもあり、壁から樋を離す距離などで使い分けられています。

写真4-6　竪樋のでんでんによる取り付け部

天窓

屋根の開口部に用いる窓。

英語はスカイライト。日本ではトップライトという造語も使われています。ヨーロッパではルーフウィンドウと呼ばれます。

写真4-7　天窓

昔から日本にも天窓があり、下から棒で持ち上げる形式でした。安土桃山時代の茶室にも、この形式の天窓は見られます。採光というよりは、空気の循環の役目を担っていたと思われます。茶室は屋内で火をたくために空気の循環が重要です。

現在の天窓のタイプを大きく分けると、まず、開かない（FIX、はめ殺し）窓と開く窓とに別れます。FIXタイプは採光重視で使用されます。

開く天窓は、採光に加え通風換気や排熱など快適な空間を形成するのに役立ちます。開閉方法は手動と電動に大別されます。手動式は手や棒、コードなどを使って開閉します。電動式も手動式も、上を支点にして下から持ち上げて開くタイプと、真ん中の軸を中心に開く回転タイプ（中軸回転タイプ）などがあります。

日本の天窓については、6割程度がFIXタイプです。開閉タイプでは手動と電動がほぼ半々ですが、近年は電動が伸びる傾向にあります。その背景としては雨センサー、リモコン操作、電動スクリーンなど機能の充実があります。

　天窓の材質は、外側は防火対応で不燃材のアルミで覆われています。内枠は結露の問題などから断熱性に優れた樹脂や高耐久の木が使用されています。

　性能は水密性W-5、気密性A-4、耐風圧性S-6と最高等級のものが選ばれます。外枠と内枠の間には断熱材やゴムなどが緩衝材として介在することで、内外の枠が直接触れない構造になっています。これは、結露や凍結による腐食を防ぐためです。

　ガラスは、一般には遮熱断熱性の高いアルゴンガス入りLow-Eペアガラスが標準仕様となっています。天窓は頭の上にガラスがあるので、性能に加えて安全性が非常に重要な部材です。台風などによる飛来物や地震に備え強化ガラスや合わせガラスの仕様があります。

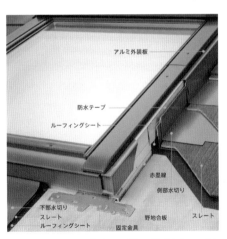

写真4-8　天窓と屋根の取り合い部

メーカーでは屋根材との取り合い部（写真4-8）の防水性を確保するため、瓦やスレートなど屋根材に合わせてそれぞれ専用の水切りを用意していますが、さらに万全を期し、天窓まわりの下地のルーフィングには粘着性のルーフィングの使用を推奨しています。

　防水を高める意味では、ガラスとアルミカバーの取り合いの部分もポイントです。シーリング材が経年劣化で固まってひびが入り、水が枠に染み込んで枠が腐食することもあるため、耐久性の高いシリコーン系シーリング材が使用されます。

第5章

外壁の部材と耐久性のポイント

構造用面材

　木造住宅の耐力壁に地震力や風圧がもたらす面内方向の変形に対する抵抗力を付与するため、枠組みや軸組に打ち付けるボード状の部材。

　在来木造住宅においては構造用面材なしで、筋かいのみで耐力壁を構成している事例を見かけます。しかしながら、筋かいは応力が局所に集中しやすいこと、断熱欠損が大きいこと、気密性の確保が難しいこと、断熱材が透湿防水シートを押し出して通気層をふさいだりする問題があります。在来木造の大半が面材を使うようになってきています。

　面材として最も一般的なのは構造用合板ですが、構造用合板は比較的透湿抵抗値が高いこと、シロアリの被害を受ける可能性も残ることから、無機系素材の面材も各社から発売されています。

　木造住宅の設計に携わる大半の実務者は、結露計算を行わず、面材の透湿性に関する単純なイメージだけで外皮の層構成を選定してしまう傾向があります。実際「○○という面材を使えば内部結露しない」といった話をあちこちで聞きますが、それほど単純なものではありません。結露計算を行えば、内部結露の有無は外気の温湿度、内部の温湿度、それぞれの断面構成部材の素材と厚さの組み合わせ、少なくともこれら全てが確定しないと計算できないことが分かります。到底、面材の透湿性だけで内部結露を判定することなどできません。

　それを理解した上で、どのように構造用面材を選べば良いでしょうか？透湿抵抗値は結露計算を行って問題ない組み合わせであれば、必ずしも低いものを選ばなくても大丈夫です。その他気をつけておくべきことは、重量です。ほとんどの現場では1層分の高さを1枚の板でカバーできるように「3×10板（サントーバン）」と呼ばれる大きさを使います。様々な面材があるのですが、重さにはかなりのばらつきがあります。大工さんが1人でなんとか持てる重さの面材を選ぶことが大事な要素となっています。また、面材の壁倍率に関しても、認定番号が古いものほど

現行基準における壁倍率に満たないものが出てくるので注意が必要です。

　施工面での注意点は釘打ち時のめり込みです。めり込み深さが2 mmを超えると構造上の欠陥に該当します。柔らかめの面材、及び、下地の柱や梁が杉などの柔らかい構造材である場合、工具の打ち込み力を設定し、めり込まないように丁寧な施工が必要となります。

写真5-1　構造用面材

透湿防水シート

　通気構法の外壁の二次止水層（防水紙）として用いる防水性と透湿性を兼ね備えたシート状部材。

　透湿防水シートの特徴は、湿気を通して水を通さないことです。風を通さないという性質からハウスラップ（第Ⅰ巻P86）にも適しています。

　透湿防水シートの製品には、緻密な不織布単層で構成されるものと、不織布の多孔性フィルムを張り合わせた複層構成のものがあります（写真5-2）。

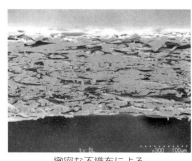

緻密な不織布による
単層構成

不織布に多孔性フィルムを
張り合わせた複層構成

写真5-2　透湿防水シートの組織断面

　日本透湿防水シート協会が示す透湿性能を表わす指標として、透湿抵抗値があります。単位は、m²・s・Pa/μgです。数値が小さいほど同一面積、かつ同一の水蒸気圧差における水蒸気通過量が多いことを示し、透湿性が高いシートであることを示します。

　湿気を通す限り、ミクロの単位で見れば表面には孔があいていることになります。それが水を入れずに湿気を排出する仕組みは、表面の撥水効果によるものです。そのため、表面に界面活性剤などを塗ると撥水性が失われ防水の役割を果たさなくなってしまいます。

　そこで注意が必要なのが、防腐防蟻剤など、木材保存処理薬剤との接触です。薬剤には界面活性剤が含まれていることが多いので、薬剤処理した部材に透湿防水シートを貼り合わせてから水に濡れるようなことがあると、溶け出した界面活性成分によって防水性が損なわれる可能性があります。合板や胴縁など、防腐防蟻処理をした後の乾燥が不十分なこともあります。

　また、以前は胴縁等に薬剤処理した部材を使うことは稀でしたが、今では処理をすることが一般的になりつつあります。そのため、特にオーダーしていないのに、処理した部材が入ってくることが多くなっています。現場では処理部材であるという認識がないので、施工中に雨に濡れたら水が入ってきて問題になることがあります。

　保存処理薬剤には油剤と水溶剤があります。油剤には界面活性剤が含

まれることが少ないので、施工中に濡れても界面活性剤による透湿防水シートの防水性を損なうリスクは高くありませんが、油剤には別のリスクが伴うため、油剤を透湿防水シートに付着させないなどの注意が必要です。しかし一般的には防腐剤はほぼ水溶性です。防腐剤を塗布したら十分乾燥させること。そして現場では濡らさないように注意することが必要です。

　胴縁そのものを使わない通気金具留め工法の場合は、リスクはありません。またシートに界面活性剤の影響を軽減する特殊コーティングを施した対策品もあります。

　透湿防水シートを壁に留め付けるときにはステープルを打ちます。その孔から水が入ることも問題です。ステープルは胴縁を打つまでの仮留めなのでできるだけ雨のかからないところにステープルを打ちます。特に水平面の上部にステープルを打つことは禁物です。

　また、透湿防水シートの素材はプラスチックなので、紫外線や熱の影響を受けます。長期間直射日光にさらされると紫外線の影響を受けて劣化が促進する可能性もあるので、透湿防水シートの施工した後は外装材の仕上げをできるだけ速やかに行うようにします。

　外装材がサイディングの場合、透湿防水シートは横向きに下から張って、重ね代は上下が90mm以上、左右が150mm以上とします（図5-1）。

　透湿防水シートの端部やサッシとの接続部は防水テープで処理します。シートとテープには相性があり、相性が良くないテープを使用した場合、シートにシワなどができる現象や、テープの粘着材の成分により、透湿防水シートの防水性を低下させる影響が報告されています。そのためシートに対応する純正品の防水テープを供給しているメーカーもあります。

　透湿防水シートは風音（第Ⅰ巻P140）の原因になることがあります。風音が出にくいよう柔軟性をもたせるなど工夫したシートもあります。

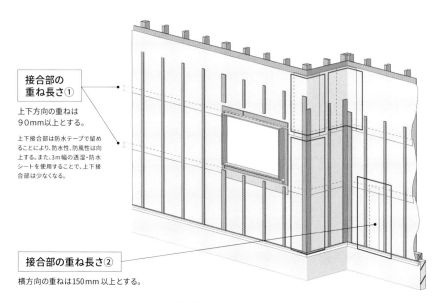

接合部の重ね長さ①

上下方向の重ねは90mm以上とする。

上下接合部は防水テープで留めることにより、防水性、防風性は向上する。また、3m幅の透湿・防水シートを使用することで、上下接合部は少なくなる。

接合部の重ね長さ②

横方向の重ねは150mm以上とする。

図5-1　透湿防水シートの施工例

アスファルトフェルト・改質アスファルトフェルト

　主に湿式外装仕上げの二次止水層（防水紙）に使用する、アスファルト系のシート状部材。

　外壁湿式工法は、下地にラス網をステープルで固定し、そこにモルタルを塗ります。そのため、下地に対する釘孔シーリング性が防水上重要となります。一般にはアスファルトフェルト430が用いられます。

　アスファルトフェルト430は原紙にアスファルトを含浸させた防水紙で、品質はJIS A 6005「アスファルトルーフィングフェルト」に規定されています。面積1m²当たりの呼び質量が430gのものです。

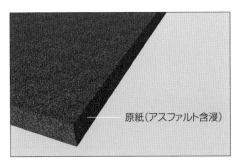

原紙（アスファルト含浸）

図5-2　アスファルトフェルトの構成

　モルタル外壁にクラックが入ると、そこから雨水が浸入しやすくなります。防水紙のあばれがあると、モルタルを塗りつける際に厚みの大小ができやすく、結果的に、クラックが起きやすいと考えられます。防水紙のあばれにくさ＝寸法安定性は、モルタル外壁の防水性を確保する上で重要です。

　改質アスファルトフェルトはアスファルトフェルト430の寸法安定性や防水性・耐久性を改良した防水紙です。品質は日本防水材料協会規格「改質アスファルトフェルト」ARK14w-04:2018に規定されています。

　アスファルトフェルト、改質アスファルト防水紙の施工はステープルで仮留めしながら横向きに下から張っていき、重ね代は上下、左右とも90mm以上とします。

防湿フィルム

　壁内や天井裏に湿気を浸入させないための防湿層に用いるフィルム。材質は主にポリエチレンフィルムなどで、袋入りグラスウール（写真5-3）などのように断熱材と一体化したり、別張り（写真5-4）したりします。

　防湿層は外皮の高温・多湿側に設けるのが原則です。日本では気密イコール防湿という概念ですが、住宅の耐久性を考えれば気密は保っても防湿しすぎてはいけないケースもあります。壁体内に湿気が入った場合、室内側の透湿抵抗が高く湿気が逃げないと、夏型逆転結露の原因になるためです。

　防湿層は北米ではベーパーバリア（vapor barrier）とベーパーリターダー（vapor retarder）という呼び分けがあり、ベーパーバリアは主に地盤とコンクリートスラブの間の防湿層などを指し、外皮の場合はベーパーリターダーと呼ぶことが多いようです。これらは透湿抵抗の高さにより3つにクラス分けされ、最も透湿抵抗が高く、ベーパーバリアとしても使われるようなクラス1の素材（ポリエチレンフィルムなど）は、夏季多湿になる気候の地域、保水性の高い外装材や透湿抵抗の高い外装材との組み合わせで用いてはならないとされています。

　これとは別に最近、乾燥時には透湿抵抗が高く、多湿環境では透湿抵抗が下がる特殊な素材を用いた可変透湿抵抗型防湿シートが開発されています。この特殊な機能により、冬季は防湿層として機能し、夏の高温多湿条件においては、透湿抵抗が低下し壁体内の湿気を室内側へ放出することが可能になります。

写真5-3 防湿フィルム付袋入り断熱材
（ガラス繊維協会施工マニュアルより）

写真5-4 防湿フィルムの別張り
（ガラス繊維協会施工マニュアルより）

ステープル

　防水紙の仮留めや湿式外壁のラスの留め付けに用いられる、「コの字」形の金属線製接合具。

　「タッカーくぎ」、「タッカー針」などと呼ぶこともあります。なお、「タッカー」は、ステープルを打ち付ける機械および道具のことです。以前はラスの留め付けにU字型の又くぎが使われました。

　ステープルで防水紙を仮留めする場合は、ステープルの足が防水紙に貫通し、その足の周辺に隙間が生じやすくなり、漏水（写真5-5）することがあるため、仮留めは必要最小限とすることが重要です。

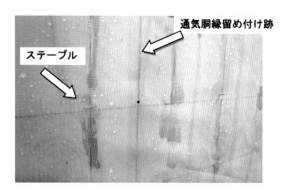

写真5-5　透湿防水シートステープル仮留め部から生じた裏面への漏水
（国総研資料第779号）

　一方、ラスを留め付ける場合は、地震時に躯体の変形が進んでも、モルタル層が追従して脱落を防ぐようにするため、ラスの種類に対応する線径および足の長さのステープルを使用して、規定された間隔以内で留め付ける必要があります。例えば、「波形ラス」、「こぶラス」、「力骨付きラス」、「リブラス」を留め付ける場合は、表5-1に示すステープルを使用しなければなりません。

線径が細く、足が短いF線などのステープルはラスの留め付けには不適切であり、誤用した場合、モルタルが剥がれ落ちる要因となります。

　JIS A5556「工業用ステープル」では、寸法形状を明確に示すため呼称を定めており、例えば「L 10 19 J」は、「L」はラス用、「10」は肩幅が10mm、「19」は足の長さが19mm、「J」はJ線を示します（図5-3）。

　なお、ステンレス鋼製ラスの留め付けは、異種金属の接触による腐食を防止するため、同じステンレス鋼製のステープルを使用しなければなりません。

表5-1　ラスの種類と対応するステープル

ラス	ステープル	
	線径	足の長さ
波形ラス W700	J線	19mm
こぶラス K800	M線	19mm
力骨付きラス BP700	M線	19mm
リブラス C・RC800	T線	25mm
その他のラス	ラスのメーカーに確認	

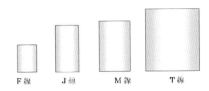

F線　　J線　　M線　　T線

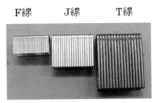

F線　　J線　　T線

種類	足の長さ		軸		足の接触面積	
	寸法	倍率	断面積	倍率	表面積	倍率
1210F	10mm	0.53	0.35mm^2	0.51	24mm^2	0.36
1019J	19mm	1.0	0.69mm^2	1.0	66.5mm^2	1.0
1019M	19mm	1.0	1.04mm^2	1.51	79.8mm^2	1.2
832T	32mm	3.2	2.16mm^2	3.13	188.8mm^2	2.84

図5-3　各種ステープルの寸法と断面積の比較

　図5-4は、国土技術政策総合研究所主催の産学官による共同研究「ラス下地モルタル塗り工法外壁の各種構成材料及び施工法による剥離・剥落性への影響に関する共同研究」にて実施した水平せん断加力繰返し試験の結果です。日本建築学会建築工事標準仕様書JASS 15「左官工事」仕様（波形ラスW700、ステープルL1019J）は、躯体が大変形（1/15rad、試験体頂部の変形量182mm）した場合でもモルタルが脱落しにくくなりますが、平ラス30Fをステープル1210Fで留付けたモルタル外壁の場合は著しく強度性能が低下します。従って、JASS 15の規定と同等以上の設計・施工をすることが肝要です。

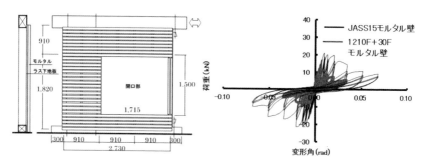

図5-4　ラスモルタル壁体の水平せん断加力繰り返し試験例

シーリング材

　外壁などの目地のシーリング（第Ⅰ巻P88）に用いる、流動性を持ち、硬化後はゴム状弾性を発揮する充填材料。コーキング材と呼ぶこともありますが、現在はシーリング材という呼び方が主流となっています。

　シーリング材の歴史は比較的新しく、前身の油性コーキングが1950年代に使われた後、初めてポリサルファイド系が登場し、60年代にシリコーン系、70年代には変成シリコーン系が生産されました。現在で

は要求性能に合わせた多様な成分系の材料があり、建物の高寿命化に伴い、高耐久、高耐候のシーリング材が開発されています。

　シーリング材の硬化機構は湿気、混合反応、乾燥、非硬化の４種があり、建築分野では湿気で硬化する１成分タイプ、基材と硬化剤を混ぜて反応硬化させる２成分タイプが多く用いられています。

　どのシーリング材にも求められる要件は次の３つです。

・水密性・気密性を付与できること。

・目地のムーブメントに追従できること。

・耐久性に優れていること。

　ムーブメントとは、温度や湿度の変化、風や地震、振動などによって建築部材に伸縮やずれが出るときの動き、またはその程度をいいます。モジュラスとは、伸びたり縮んだりしたシーリング材が、元の形に戻ろうとする力です。戸建て住宅のサイディング張りなどのムーブメントが大きい目地（ワーキングジョイント）には適切なモジュラスの選定が重要です。

　住宅の耐久性を高めるためには、それぞれのシーリング材の特徴を理解し、外壁部材との組み合わせや、立地条件などを総合的に判断して、適した材料を選ぶことが重要です。

　シーリングの不具合のほとんどは、外壁部材に対しシーリング材の選定が正しく行われていないこと、シーリングの打設方法が正しくないことが原因です。

　シーリング材は、正しく施工されることで完成する部材です。そのため、メーカー出荷の段階では「半製品」となります。そのため素材自体の耐候性が高いほど劣化が遅くなるわけでもなく、さまざまな要因が組み合わされて、部材としての有効性が発揮されます。

　シーリング材の施工の手順は下記のとおりです（写真5-6）。

① 外壁部材の小口面を清掃する。

② マスキングテープを目地際いっぱいまで近づけて貼る。

③ 専用プライマー（次項）を、目地内のシーリング材が接着する２面に２回塗りで塗布。

④ シーリング材を打設する。（目地底から充填し、空気が入り込まな
　 いように打設する）

⑤ ヘラで中の空気を抜くように押さえて均す。

⑥ マスキングテープをはがす。

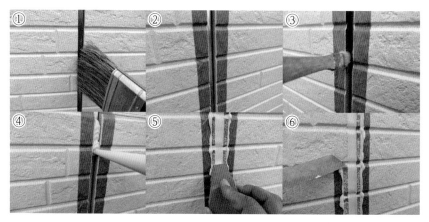

写真5-6　シーリングの施工手順

　すでにシーリング材が打設してあることころに、メンテナンスなどで
増し打ちする場合は特に注意が必要です。既存シーリング材の表面が、
紫外線などによって劣化し、しっかり接着しないケースも多いようです。
増し打ちはできるだけ避けてください。

　シーリング材を打ち替えする場合は、既存シーリングを完全撤去しま
す。シーリング材を引き抜く作業だけなら30秒ほどで除去できますが、
目地断面のシーリング材を細かく除去するには10倍の時間がかかりま
す。しかし、丁寧に除去することで耐用年数に大きな差が出ます。

　手順としては、既存シーリング材を丁寧に取り除き、皮膜などをカッ
ターやヘラで徹底的に取り除きます。プライマーは2度塗りすること。
こうして下地を整えてから新たなシーリング材を打設することでトラブ
ルの発生率は低減します。

　シーリングによって、耐久性を年数として表すことはとても難しいも
のです。一般的な変成シリコーン系のシーリング材を適切な厚みで打設

した場合、「日当たりの良い部位では10年程度で打ち替えること」が目安となります。それが高耐候性シーリング材であれば20年程度まで延長できる可能性があります。

しかし寒暖差や天候の条件によって、耐候性・耐久性はかなり変化しますし、屋上やバルコニーのような雨がかかり、直射日光が長時間当たるような条件の場所では、どうしても劣化の進行が早くなります。これは寒暖差による目地の伸縮による動きや紫外線の強さ、雨風などの影響が大きいと言われています。

すべての部材にいえることですが、住宅の長寿命化のためには、設計者、現場管理者、施工者の連携が欠かせません。中でもシーリング材は、それが特に大切な部材といえます。

プライマー

シーリング材の施工や塗装に先立ち、接着性の向上や浸透抑制などの目的で使用する下地処理剤。

英語のprimary（最初の）が語源であり、最初に塗るもの、下地処理の効果をもつものということになります。塗装の場合はシーラーと呼ぶこともあります。

シーリング材の場合、多様な部材に対して、シーリング材を安定的に接着させるためにプライマーを用います。また表面が脆弱な部材の場合、プライマーが表面を強化することで接着性が強化されます。さらに、プライマー層が形成されることで、部材内部からシーリング材接着面への水分の影響や、サイディングボードのアルカリ成分などの浸出防止効果も高まる、バリアの役割を果たします。

一般的なプライマーの素材は溶剤系です。水系も少しずつ良いものが出てきましたが、乾燥に時間がかかるという難点が残ります。

　基本的にシーリング材は専用のプライマーとセットで使うことが前提で製品化されています。ある程度汎用性があるものもありますが、手近にあるプライマーで間に合わせることは何らかの不具合が発生する恐れがあるため、シーリング材メーカーが推奨するプライマーを正しく塗布することが大切です。

　また、プライマーは開封したままにしておくと、空気中の水分と反応するほか、溶剤の揮発により性質が変化します。粘性が上昇して塗りにくくなったり、刷毛に付着した埃などが混入したりするので、必要な分だけ小分けして使用します。

　さらにプライマーを塗布する場所の表面が結露していたり、水分が残っていたりすると密着性が弱くなるため、雨の日はもちろん、雨の直後なども施工を避けるようにします。

　手順としては、塗り残し、塗りむらができないよう注意しながら目地の側面に塗布します。2回塗りを原則として丁寧に塗ります。プライマーを塗布してからシーリング材を打設するまでには、メーカーによる時間制限（オープンタイム）があります。事前に確認し、時間内に打設を終わらせることが重要です。

コラム 孔と口、孔と穴

　わが国の小屋裏換気のルールは、1974年に住宅金融支援機構（当時は住宅金融公庫）の工事仕様書（以下、機構仕様書と言う）に記載され、その後品確法の住宅性能評価方法基準（以下、品確法基準と言う）にも取り入れられました。

　ところが空気が出入りする部分の呼び方は、機構仕様書では「換気孔」、品確法基準では「換気口」と異なっています。機構仕様書でも最初は「換気口」でしたが、平成9年（1997年）版から「換気孔」に変わっています。両者の基準の内容は基本的に同じなので、品確法基準の制定に当たっては機構仕様書が参照されたと思われますが、その際、平成8年以前の版の表記が採用されたようです。

　「孔」と「口」の使いわけについては特に通念はないようですが、漢和辞典によると「孔」には＜隙間、通る＞などの意味が、「口」には＜入口、関門＞などの意味が含まれ、どちらかというと「口」の方が多くの形状の出入り口を包含する語のように感じられます。

　「孔」と「穴」は、どちらも「あな」の漢字として使われますが、使い分けとして「孔」は向こう側に貫通した「あな」、「穴」は窪んだ、あるいは凹んだ場所のように向こう側に貫通しない「あな」に用いるというのが定説のようです。本書でもこれに従って「雨水が通り抜ける孔（第Ⅰ巻P21）」、「水抜き孔（第Ⅰ巻P94」などのように表記しています。

第 6 章

バルコニーの部材と
耐久性のポイント

笠木

手摺壁やパラペットの上部に、保護と防水のために取り付ける帯状の
カバー材。

歩行床であるバルコニーの手すり壁では主にアルミニウム押出形材の
笠木部材（写真6-1）が使われ、非歩行床であるパラペットの場合は主
に板金笠木（写真6-2）が使われます。積雪地等では手すり壁であって
も板金笠木を使うケースもあります。

上部には水が溜まらないようアールや勾配を設けます。勾配は、建物
の内側に向けてとります。その理由は音と汚れです。笠木から流下した
雨水は、壁面に沿って内側に巻き込んで落ちる性質があります。笠木の
勾配を内側にとらないと、直下のサッシやシャッターボックスなどに水
滴が落ちて音が鳴り、クレームにつながることがあります。汚れも同じ
く、笠木の上部に付着した汚れが外壁面に垂れて、雨筋汚れになります。

バルコニー笠木の場合、手すりにもたれたり、布団を干すときに力が
かかり防水性を損なう場合があります。笠木固定用の金具を防水層を貫
通して留めつけるため、そこから雨水が内部に浸透し、腐朽などを引き
起こす場合があります。特に手すりに力をかけたり、布団を掛けて引っ
張ったりすると、防水層を損傷する原因になります。

近年は、意匠面から、手すり壁を低くしアルミ製の手すり壁を設置す
る住宅も増加しています。しかし、アルミ製の手すり壁の高さの割合が
大きくなると、木部の手すり壁天端で支持しているブラケットベースに
大きな力が加わり、ブラケットベースの緊結ビス孔から漏水するリスク
が増加します。ハウスメーカーによっては、禁止している所もあるよう
です。

板金笠木で納める場合、継ぎ手やコーナー部の納め方、ファスナーの
留め付け方法等の標準納まりが無いため、現場の職人と監督で経験に基
づいて納めているケースが多く、サイディングの裏張りをして天端を閉

塞し、結露事故を誘発したり、板金笠木を脳天くぎ打ちして漏水事故を起こしたりする事態につながっています。

　笠木は必要な部材ですが、木造住宅では笠木まわりで起きる漏水事故や劣化事故が非常に多いということについての認識が必要です。従前の日本の家屋の屋根面には水平の部位がありませんでした。しかし、今日の住宅には手すり壁天端とバルコニーの床面の2つの水平面があり、この部分の止水処理が非常に重要だということです。

　自立型や屋根置きタイプのバルコニーは昔からありましたが、建物本体とは別に設けられていたので、住宅自体の劣化には影響しませんでした。住まいの耐久性の視点から見れば、そのような形に戻すことがリスク回避につながるという意見もあります。

写真6-1　アルミ笠木

写真6-2　板金笠木

ルーフドレン

　陸屋根やバルコニー床面に排水口として設置される部材。ストレーナー（ゴミ除け）によって落ち葉などのゴミが入り込むのを防ぎ、雨水を円滑に排水管に導く役割を果たします。

　縦型（写真6-3）と横型（写真6-4）があり、それぞれにメリットと

デメリットがあります。縦型のメリットは、排水効率の高さです。床面より落とし込んで取り付けるため、水が溜まったり逆流したりすることが少ないことも利点です。それに対して横型のメリットは、壁面に取り付けるため、床面に障害物がなく広く使えること、歩行に安全ということがあります。

　デメリットについては、縦型の場合はドレンが床部の障害物になること。横型の場合は縦型に比べて排水量が少ないことと、多少でも床面よりは上部になるため、逆流などの問題があることです。

　いずれにしても落ち葉などがたまると排水効率が落ちて周囲に水が溜まる原因になるので、日常的に掃除などのメンテナンスが必要です。定期的な点検が難しい場所や条件であれば、ドレンの設置数を増やしたり、落ち葉などでドレンがふさがれにくいよう、高めのストレーナーを設置するといいでしょう。デザイン性は落ちますが、住まいの耐久性を考えれば重要なことです。

写真6-3　縦型ルーフドレン　　　　**写真6-4　横型ルーフドレン**

　ルーフドレンは、床面の雨水を集水するため、水がもっとも集中する部位となります。床面防水とドレンの接続部位における防水層の劣化・施工不備によって雨漏りする恐れがあるので、ドレンや排水管の直下には居室を配置しないよう計画します。

　止むを得ずドレンの下が居室となってしまい、屋内の天井裏に排水管を引く場合は、排水管の防露対策を適切に行うことが必要です。また、

天井に小屋裏点検口を設けるなど、メンテナンス面での配慮も大切です（図6-1）。

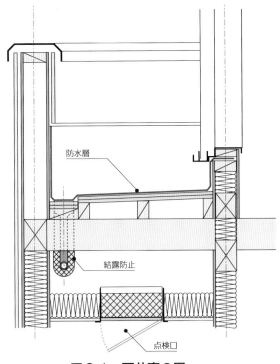

防水層

結露防止

点検口

図6-1　天井裏の図

　ドレンの設置数に関しては、一般的な小規模バルコニー（20m²未満）では、ゴミの詰まりに備えて、ドレンを2個以上設置することが望まれます。1箇所の場合はオーバーフロー管を設けるようにします。

　ドレン管の寸法に関しては、床面積分の雨量を排水できることが必須です。軒の出のない建物の場合、壁面に雨が斜めに当たって床面に流れ落ちます。そのため壁面からの雨量も含めた排水計画を行うのがポイントです。一般的な戸建住宅のバルコニーでは、内径50mm以上のドレンを使用します。

　また、屋根からの雨樋をバルコニーのドレンに落とす場合は、屋根面分の面積を負担できる排水寸法と設置数を計算する必要があります。

オーバーフロー管

バルコニーや陸屋根の防水層に溜まった水があふれて室内へ浸水するのを防ぐために、手摺壁やパラペットの立ち上がり面に設置する排水管。近年増加している記録的短時間豪雨などで雨量がルーフドレンの許容排水量を超えたり、ドレンが目詰まりしたりして床面の水位が上がった場合に、屋内まで水があふれないよう排水を補助するものです。

設置位置としては、バルコニーの場合、居室への浸水を防ぐため、防水床面とサッシの中間の高さに取り付けます（図6-2）。陸屋根の場合はサッシがないので、あふれると室内に浸水したり、通気層に水が入ってしまったりします。構造体内への浸水を防ぐためには、防水床面と笠木の間に取り付けるようにします。

一般的な小規模バルコニー（20m²未満）でドレンを2個以上設置できない場合は、バルコニー1箇所に対してオーバーフロー管も1個以上設置します。定期的な点検や清掃が難しい陸屋根の場合は、落ち葉や飛来物によりドレンの排水能力が落ちることを前提に、複数個設置することが望まれます。

水位が一定以上上昇すると、オーバーフロー管から少量の水があふれ出ます。それが落ち葉などでドレンが詰まっているサインになります。オーバーフロー管は意匠上じゃまもの扱いされることがありますが、住まいの耐久性を確保する為には必要なものなので、小さいものや目立たない場所を選ぶなど工夫して設置します。

排管寸法に特に規定はありませんが、内径20〜30mm程度のものが一般的です。

写真6-5 オーバーフロー管

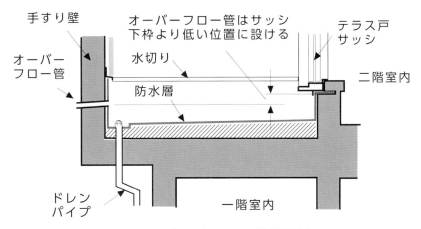

図6-2 オーバーフロー管設置例
（JIO楽間、vol22より）

鞍掛けシート

バルコニーの手すり壁やパラペットの笠木下の二次止水層として馬の鞍状に設置する防水シート。

笠木は住宅の中で数少ないフラットな部分です。雨がかりが多く、笠木下に浸水した雨水が滞留し、また笠木固定用のアンカー金物を留め付けるビスが貫通するため漏水事故の割合が非常に高い場所となります。

このため、鞍掛けシートには最も防水性が高い改質アスファルト系の防水シートが用いられます。品質は日本防水材料協会規格「先張り防水シート／鞍掛けシート」JWMA‐A01：2021[00] に規定されています。

鞍掛けシートより先にブチルゴム系両面防水テープを下地木部天端に流して張り、そこに接着させるように改質アスファルト系のシートで鞍掛けをすると、釘孔シーリング性がさらによくなります。ブチルゴム系両面防水テープを入れることでビスの回転による鞍掛けシートの浮き上がりや、木屑の発生を抑制できるためです。

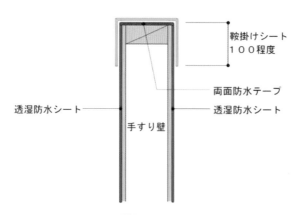

鞍掛けシート
１００程度

両面防水テープ

透湿防水シート

透湿防水シート

手すり壁

図6-3　鞍掛けシート設置例
(国総研資料第975号より)

鞍掛けシートの標準幅は500mmです。後から差し込む防水紙を、確実に100mm以上差し込めるように、150mm程度、笠木の左右に張り下げます。笠木の幅は100mm程度～160mm程度が多いので、500mmあればすべての物件に対応できます。

後付けバルコニー

　床、手摺などで構成される部品を躯体に取り付ける形式のバルコニー。
　バルコニーとは、一般的に2階以上にあり、建築物の外壁から外に張り出したスペースのことです。バルコニーにはいくつかの種類があり、後付けすることも可能です。
　通常、後付けバルコニーにはキャンティバルコニーが用いられます。この名称は、部材の片側だけが固定された片持ち式の構造であるキャンティレバー構造からきたものです。外壁面から鋼製の腕金物を用いて持ち出した方式が一般的です（写真6-6）。
　キャンティバルコニーには、一定の条件を満たすことで建築面積に含まれないというメリットがあります。条件はバルコニーの出寸法が1m

写真6-6　後付けバルコニー

以下の場合で、柱を設置していないこと。柱を設置した場合は、出寸法が1m以下でも建築面積に含まれます。

　対してデメリットは、柱のない片持ち式の場合、広い面積を確保したり、複雑な形状にしたりすることが難しいということです。

　その他の主なバルコニー形式には以下のようなものがあります。

　ルーフバルコニーは、屋根の一部を利用したバルコニーです。インナーバルコニーは、袖壁がありプライバシーが確保できるタイプのバルコニーです。その他、ロジアと呼ばれる外壁材で囲まれたバルコニーもあります。インナーバルコニーを広くしたような、家の中に入り込んだような半屋外空間です。インナーバルコニーとロジアは屋根があり、戸外に突き出していない場合もありますが、バルコニーと呼ばれています。

第 7 章

納まり部の部材と
耐久性のポイント

水切り

外装仕上げの隙間や他部材との取り合い部に、雨仕舞のために挿入する板金部材。英語の呼び名はflashingで、「水を跳ね散らす」という意味の古語が語源とされています。

水切りの役割には次のようなものがあります。

1. 雨水の流れを不具合が起きない方向に誘導する
2. 外装材表面の流下雨水の回り込みを防ぐ
3. 外装材裏面を流下する雨水を受け止めて外に排出する

水切りは、屋根の軒先、けらば、外壁の土台回り、中間部（写真7-1）、窓の上枠まわり、窓台まわり（写真7-2）、跳ね出しバルコニーの手すり壁下端部（オーバーハング部）（図7-1）、屋根の棟違い部など、さまざまな場所に使われます。軒先、けらばでは1の役割が、その他の場所では2と3の役割が主体になります。なお、軒先水切り、けらば水切り、土台水切りは別項で解説しています。

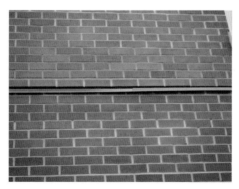

写真7-1　タイル壁の中間水切り（カナダ）

写真7-2　開口部上下の水切り（カナダ）

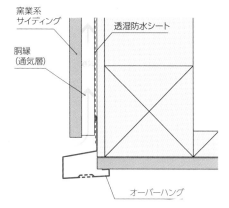

図7-1　サイディング用オーバーハング水切

　水切りは、部材の一端を外装材の下に差し込み、他端が外部に出るように設置します。取り合い部の雨仕舞用の板金部材で、全体が外装材の下に隠れるものは、捨て板、捨谷などと呼ばれます。

　水切りと同様の機能を持つ板金部材で、屋根と壁の取り合い部に設けるものは雨押さえ（P128）と呼びますが、英語では区別せずflashingと呼びます。ちなみに北米ではflashingは納まり部の防水部材全般の呼称として広義に使われ、塗膜防水材タイプのものをliquid flashingと呼ぶこともあります。

　住宅工事の実務では、ジョイナー類（P140）を含め、外装の納まり

部に用いる帯状の板金部材をすべて水切りと呼ぶ習慣がありますが、間違った使い方をしないためにも、本来の水処理機能を備えた部材だけを水切りと呼ぶようにしたいものです。

　水切りの素材はほとんどがガルバリウム鋼板で、ほかにステンレス鋼板や銅板も使われます。外装材を解体しないと交換できない部材なので、長期の耐久性が求められます。

　ガルバリウム鋼板の水切りは、接触する部材によっては電食が起きることもあります。（第Ⅰ巻P156）。銅系の防腐防蟻薬剤で処理した木材と接触し、木部の初期含水が多い、周辺の通気が悪いなどの悪条件が重なると、腐食の原因になります。湿式仕上げのモルタルと水切りは、直接接触させないほうが安全です。対策として絶縁テープを張った製品もあります。

雨押さえ

　下屋と上階の壁の取り合い部をおさめる板金部材。

　外壁の表面や外装材の裏を流れてくる水を内部に浸入させずに排出させる役目をもちます。

　瓦屋根の場合、土居のし瓦を用いる納め方がありますが、最近では板金の雨押さえを使用するケースが増えています。

　近年多く見かけるパラペット（P34）納めの屋根でも、パラペットと屋根の取り合い部に使われます。

　下屋の壁際や、パラペット納めの屋根は換気が取りにくいため、小屋裏の結露が問題になっていましたが、2000年ごろから、雨押さえ自体に換気機能のついた部材（写真7-3）が開発され、小屋裏の劣化抑制に貢献しています。

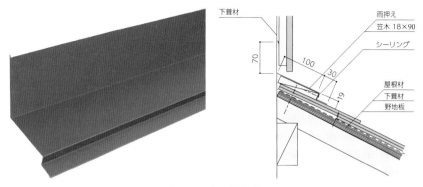

下葺材
雨押え
笠木 18×90
シーリング
70
100
30
19
屋根材
下葺材
野地板

図7-2　雨押さえ

写真7-3　換気雨押さえ

軒先水切り

　スレート屋根やF形瓦等の軒先に、野地板面への雨水の浸入を防止するとともに、壁や軒天井に雨水が回り込まないように設置される板金部材。

　上端部を野地板の先端に固定し、その上に屋根材を葺きます。スレートやF形瓦の軒先は金属板屋根のように毛細管現象を起こす心配がないので、下葺き材は水切りの上にかぶせる形になります（図7-3）。

　屋根勾配によって下がりの角度が変わるので、勾配ごとの製品の種類がありますが、多少の角度の差であれば、使うこともできます。ただし、できるだけ屋根の形状に合った部材を使うこともポイントのひとつです。特に急勾配の屋根に緩勾配用の水切りを使うと、雨樋にうまく誘導できず、壁に雨水が激しくあたるなどして不具合につながります。

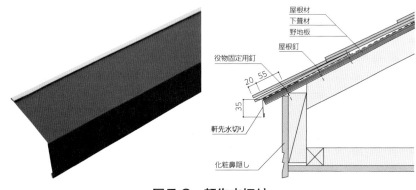

図7-3　軒先水切り

唐草

　金属板屋根において、屋根のふき板の先端をつかみ込むための固定具と軒先水切りの機能を兼ねた板金部材。

　この部材名は、瓦屋根の軒瓦先端の垂れ部分の名称に由来します。軒瓦の垂れ部には、装飾用につる科の植物の唐草文の模様をつけることが多かったため、そのように呼ばれるようになりました。

　以前は単純なL字型のものが使われており、カミソリと呼ばれていました（図7-4左端）。その後、L字型でもつかみ部分が折り返して屋根面側に伸びた形のもの（図7-4中央）が用いられるようになりました。

カミソリ型唐草　　　折り返し型唐草　　　段付き唐草

図7-4　各種唐草の断面形状

　唐草は金属板屋根にとっては固定のために必要なものですが、同時に屋根材と野地板の間に雨水が入り込む原因となります。葺き板をつかみこんで固定するために、狭い隙間に水が吸われる毛細管現象が起きるためです。

　軒先部で唐草や軒先水切りの板金材と下葺き材のどちらを上にするかの重ね順序は議論があるところです。板金工事の業界でも地域によって違うやり方をとっています。

　野地板を濡らさない目的に対しては、上部の屋根面から浸入して下葺き材の上を流れてくる水に対しては下葺き材を上に、下から毛細管現象で吸い上がってくる水に対して下葺材の上に板金材を重ねるのが原理的には正しいと考えられます。軒先で金属板をつかみこんで固定する場合は、下から上がる水に対応する形にして下葺材の上に板金材を重ね、さらに上方からの浸入水が想定される場合は下葺き材と板金の間に上から防水テープを張るのがいいでしょう。

　毛細管作用による軒先部からの浸水は金属板の裏や野地板を腐らせます。15年から20年経つと軒先部の劣化は避けられないといわれています。毛細管現象を防ぐ対策として、つかみ部に段のついた段付き唐草（図7-4右端）の使用などがあります。また、金属屋根材に対しては唐草の機能をもち、換気機能もついた軒先換気部材もあります。

写真7-4　唐草

けらば水切り

けらば部分において屋根葺き材の端部を差し込んで納める形式の板金役物。

スレート葺き、金属板横葺き、シングル葺きなどで使われます。瓦屋根の場合は、瓦自体に垂れがついた袖瓦を用いるので、けらば水切りは使われません。JASS12での呼称はけらば包みですが、一般名称としてけらば水切りと呼ばれています。

棟包みの場合、上面の水は、屋根材の上に排出される形になっていますが、けらば水切りの場合は屋根材面の水が水切りと屋根材の隙間から入り込む形になっています（図7-5）。この雨水は屋根材下面に差し込まれる捨て板部分で排水する構造にはなっていますが、捨て板と屋根材の隙間が水といっしょに入ったほこりで目詰まりすると、水が横方向にオーバーフローしてしまいます（写真7-5）。

横に流れる水は屋根材緊結釘の貫通部から下葺き材の裏にまわり、野地板が水分をもって腐ってしまうというのが、けらば水切りの大きな問題です。目詰まりを引き起こすほこりは少しずつ積もっていくため、

15年くらい経ってから不具合となって現れることが多いようです。

　目詰まりのリスクをなくすためには、通気下地屋根構法（第Ⅰ巻P92）が有効です。屋根材と野地板の間の空間を使い、深い捨て谷樋を設けることができるためです（図7-6）。

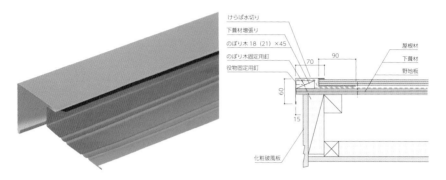

けらば水切り
下葺材増張り
のぼり木18（21）×45
のぼり木固定用釘
役物固定用釘
屋根材
下葺材
野地板
70
90
60
15
化粧破風板

図7-5　けらば水切り

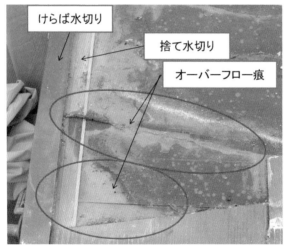

けらば水切り

捨て水切り

オーバーフロー痕

写真7-5　けらば水切り捨板部へのほこり堆積事例
（国総研資料第975号第Ⅳ章より）

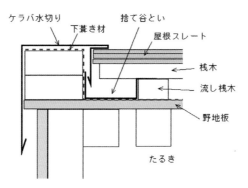

ケラバ水切り　捨て谷とい　屋根スレート　桟木　流し桟木　野地板　下葺き材　たるき

図7-6　通気下地屋根構法のけらば納まり参考図
(日本建築学会「木造住宅外皮の防水設計・施工指針および防水設計・施工要領（案）」2021より)

棟包み

　屋根の棟部において、雨水浸入防止のため、屋根葺き材の接合部にかぶせる板金部材。

　屋根の頂部にあたる棟のおさまりとしては、瓦屋根なら棟専用の瓦があり、アスファルトシングルならシングル材をまたがせて張ります。スレートと金属板屋根の棟のおさまりには基本的に棟包みを使います。屋根材と屋根材にまたがって板金部材を置きますが、板金だけでは固定できないので、一般的には心木を屋根材を貫通して下地に留めます。その心木に板金を留めつけます（図7-7）。

　心木は一般に木材ですが、雨水が浸透して腐朽すると釘などの固定力がなくなって屋根からはがれたり、板金がはがれたりして、台風の時などには大きな被害をもたらすことになります。特に隅（下り）棟部分の被害が大きいです。そのため、住宅屋根用化粧スレートの場合はスレート一段毎に差し込んで釘で留めつける差し棟（写真7-6）という構法もあります。

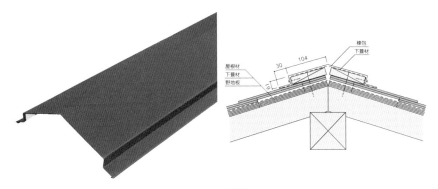

図7-7　棟包み

写真7-6　差し棟（スレート屋根隅棟）

土台水切り

　土台と基礎の間に雨水が入り込むのを防ぐため、外装仕上げ下端部に設置する板金部材。

　土台水切りを設置しないと、土台下に回り込んだ雨水によって、土台の腐朽が発生するとともに、床下に入って床下の環境が高湿度状態になってしまいます。そこで土台水切りを使い、外装材の表面を流下する

雨水の回り込みを防ぎ、外装材の裏に回った水を外部に排出する必要があります。

　近年は、防鼠機能を付加した通気土台水切りが多くなっています。この防鼠機能は、建築基準法上の床下換気口に防鼠のための設備をすることが義務付けられている条項をクリアするためのものです。

　窯業系サイディングの取り付け下地に従来の木胴縁ではなく通気金具の採用が進み、ロングスターター（P139）の採用率が上がっています。ロングスターターを取り付けるときには、土台水切りの捨て部上端のハゼが邪魔になるときが多いため、上端のハゼなしの水切りが多くなっています。

　土台水切りと外壁防水紙の間は、両面テープで貼り合わせます。これは、工事中や施工後の透湿防水シートの紙鳴り（風音）の防止にも有効です。また、施工途中や施工後に傷つけられないように、出と下がりの部分に養生用の保護テープを貼っている製品が増えています（図7-8）。切断時に切粉が出の部分に堆積し、もらい錆する場合があるので、そのような現象を防ぐ効果もあります。

　通気構法のモルタル仕上げに用いる水切りの場合は、受けとなる土台水切りを設置し、モルタルとの直接接触を避けるためテープで絶縁します。併せて通気層内の浸入雨水排出のための捨て水切りを設けます（図7-9）。

　土台周辺は建物を伝った水がすべて流れてくる部分なので、建物に使われた薬剤などの影響を受けやすく、腐食の問題がつきまといます。土台水切りを適切に使うことが建物の劣化を防ぐ為の重要な役割を果たします。

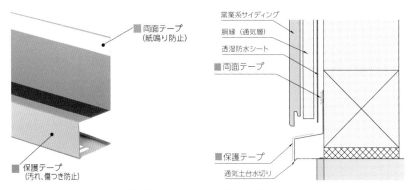

両面テープ
（紙鳴り防止）

窯業系サイディング
胴縁（通気層）
透湿防水シート
両面テープ

保護テープ

通気土台水切り

保護テープ
（汚れ、傷つき防止）

図7-8　窯業サイディング用通気土台水切り

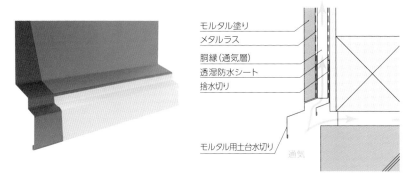

モルタル塗り
メタルラス
胴縁（通気層）
透湿防水シート
捨水切り

モルタル用土台水切り

通気

図7-9　モルタル用土台水切り

ねこ土台（基礎用パッキン）

　土台を基礎に触れさせないための飼い木として、基礎と土台の間に差し込む部材。

　昔からあるもので、木や石などのねこ土台も使われていました（写真7-7）。

　建物の基礎形式の最初のものは石で、そこに柱が直接乗っていました。

その後、布基礎（第Ⅰ巻P98）に変わり、柱の下に土台が使われるようになりました。

　布基礎に土台を載せると床下の空気の流れが止まります。換気するための一つの方法は基礎に開口を設けることですが、この工法の場合、基礎の強度が弱まるという問題があります。

　そこで、基礎に切れ目をいれず、土台と基礎の間に飼い物をして床下を換気するねこ土台が多く使われるようになりました。

　現在ねこ土台用の部材はプラスチックや金属を成形した製品（基礎用パッキン）が使われています。アンカーボルト回りごとに間隔をあけて配置するタイプと、通気スリットが付いた連続形状のタイプがあります（写真7-8）。

　基礎に開口を開ける場合、空気の流れが局部的になることがあります。その点、ねこ土台は全周で空気の通り道が確保できるので、床下に空気のよどみができにくくなっています（第Ⅰ巻P140）。

写真7-7　ねこ土台（旧来）

写真7-8　ねこ土台（現代）

ロングスターター

　サイディングの施工に際して、下端部の張り始めの位置にサイディング材の支持と位置決めのために下地に取り付ける受け金物のうち、ライン形状のもの。

　一般的に15mm以上のサイディングを金具で施工するときに使用します。サイディングを水平に取り付けるためには、張り始めが重要です。サイディング1枚1枚の最初の部分が水平に取りつけられていないと、柄が曲がって見えたり、取り合い部がうまく納まらなかったりします。そのため、スタートでレベルを出して張るのが施工のポイントですが、金具を1つずつ取り付けているとレベル出しが大変なので、ロングスターターが用いられます（写真7-9）。

　通気金具用のロングスターターには、通気構法としての通気と排水の機能を担保するための孔が設けられています。

　サイディングを縦に張る場合の通気構法として横胴縁を1820mm毎に30mmの隙間を設けることしていますので、この隙間と同等以上になるように孔の大きさ、配置が設計されています。

　ロングスターターは、金属サイディングや樹脂サイディングでも使用されますが、胴縁の上に取り付けるのが一般的です。

写真7-9　ロングスターター

第7章　納まり部の部材と耐久性のポイント

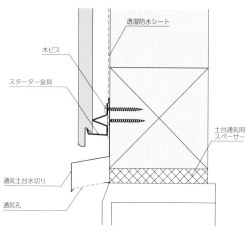

透湿防水シート

木ビス

スターター金具

土台通気用
スペーサー

通気土台水切り

通気孔

図7-10　ロングスターター納まり図

目地ジョイナー・ハットジョイナー

　乾式仕上げ材の目地部や隅部の取り合い接合に使用する縁状の部材。仕上げ面に見切りとしてあらわしで用いるもの、シーリング目地の内部に用いるもの、仕上げ材の背後に用いるものがあります。主に鋼板を折り曲げ加工した部材です、目地内に用いるものはその断面形状からハットジョイナーと呼ばれます。つばが両側にあるものと片側にあるもの(片ハットジョイナー) があります (写真7-10)。ハットの頭部にボンドブレーカー (接着防止材) が施され、一定のシーリング充填深さを確保すると共に三面接着を防ぎます (図7-11)。シーリングが切れたとき、万が一水が回ってきても下に落としてくれる機能もあります。

　シーリング目地の底にジョイナーの代わりにバックアップ材と言われる、断面が四角形や丸い発泡体を詰めることがありますが、これらにはシーリングが切れたときに、排水する役割がありません。

　目地ジョイナーには、防水性のほかに、防火性をもたせる役割もあり

ます。防火性能上、弱点部となる目地部から直接火が入ることを防ぐものです。

　小さく単純な形状の部材ではありますが、いろいろな役割を果たしてくれます。役割が多いため、取り付ける部位の環境などに合わせて、様々な形状があります。

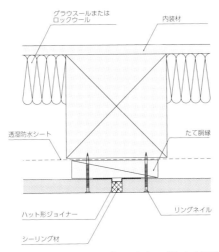

図7-11　ハットジョイナー納まり図

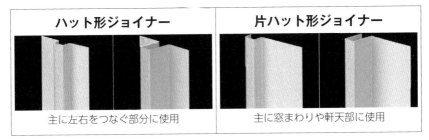

写真7-10　ハットジョイナー

　写真7-11は、長手方向の目地にシーリングを打たない、シーリングレス目地構法のサイディングで、目地の背後に用いる、排水機能を付与した特殊なジョイナーの例です。

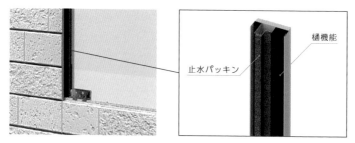

写真7-11　サイディングのシーリングレス目地構法に用いる
特殊なジョイナーの例

　外壁の入隅部は日陰になって相対湿度が上がりやすく、また二方向の
胴縁が接近して取り付けされ、内部の通気が阻害されて腐朽劣化しやす
い部位です。胴縁に直にサイディングを施工してシール納めするケース
が多くありますが、図7-12のような入隅用ジョイナーを用いることで
通気を確保できます。

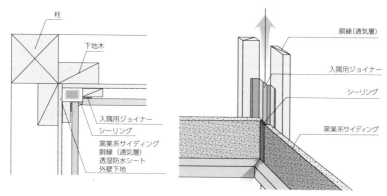

図7-12　入隅用ジョイナーの例

　近年樹脂サッシの普及率が上昇しています。樹脂サッシのフランジ
（フィン）は、アルミサッシに比べて厚く、片ハットジョイナーが傾いて、
適切なシールができないケースがあります。対策として図7-13のよう
なジョイナー部材もあります。

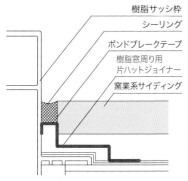
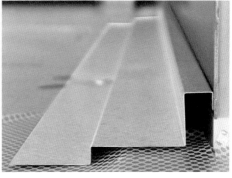

樹脂サッシ枠
シーリング
ボンドブレークテープ
樹脂窓周り用
片ハットジョイナー
窯業系サイディング

図7-13　樹脂サッシ用ジョイナーの例

先張り防水シート

　サッシと外壁あるいは、屋根と外壁の取り合い部で二次止水層の連続性を確保するため、下方の防水紙の施工に先立って張り下げておく防水シート。

　主として改質アスファルト防水シートが用いられ、品質は日本防水材料協会規格「先張り防水シート及び鞍掛けシート」JWMA-A-01：2021[00]に規定されています。

　先張り防水シートを用いる場所の一つは、サッシなどの開口部です。先に窓台のところに先張り防水シートを張り下げておき、そこに後から防水紙を差し込むと、水の流れに逆らわない防水紙の施工が簡単にできます。

　先張り防水シートが役立つ場所のもう一つが壁止まり軒部です。壁止まり軒部は壁の防水紙よりも屋根の下葺きが先行するため、写真7-12のように下葺きに先立って先張り防水シートを張り下げておくことで屋根と壁の二次止水ラインを連続させることができます。

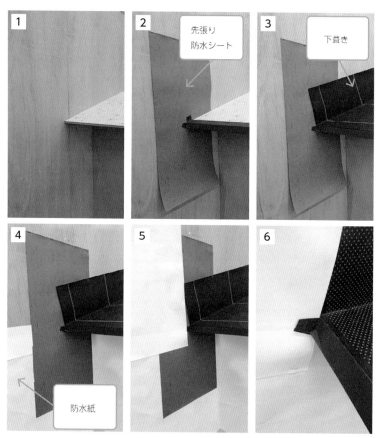

写真7-12　先張り防水シートを用いた壁止まり軒部の防水施工手順

防水テープ

　屋根下葺きのルーフィング類、外壁防水紙の端部や他部材の取り合いの防水処理に用いる粘着層の付いたテープ。

　防水テープには、おもにブチル系、アクリル系、アスファルト系の3種類があります。

アスファルト系のテープは透湿防水シートに悪影響を及ぼすことが多いため、現在は乾式仕上げの外壁ではほとんど使われなくなりました。ただし、アスファルトフェルトと合わせて使うのは問題がないため、それぞれ適材適所で使用することが重要です。

　ブチル系のテープは種類が非常に多く、品質に幅があります。透湿防水シートとの相性が確認されていないものを使用した場合、粘着剤に含まれる添加剤などが透湿防水シートに移行し、シワを発生させたり、防水性の低下を招いたりすることがあります。

　いずれのテープにおいても、シートとの相性を確認して正しく使うのが基本になります。

　ブチルやアクリルは粘着剤の種類ですが、繊維系や、屋外用、屋内用、両面テープ、片面テープなど使用場所や用法による区分もあり、図面の中でもいろいろな書き方がされています。

　住宅用両面粘着防水テープは屋内外で使用されます。幅は主に50mm、75mm、100mmで、その他に特殊なものとして、バルコニーの手すりや窓台などに貼る製品などもあります。溶接と同じくらいの粘着強度をもつ粘着テープもあり、住宅でもその用途がさらに拡がっています。

　テープを貼った後は、剥がれないよう適正な工具を用いて十分に圧着する必要があります。十分圧着されているかどうかは目で見ただけではわかりません。確実な方法としては両面テープののりしろを少し残して貼り、そこにシートを貼り、さらにその上から片面テープを貼り、両面テープと片面テープでシートを挟みます。この方法であれば、テープの処理をしっかりしたことが目で見えるうえ、非常に剥がれにくい強度をもたせられます。

伸長（張）性防水テープ

面内方向に伸ばしても変形が戻りにくく、立体面に密着して施工しやすい性質を持つ防水テープ。

開口部や三面交点、パイプ周りなど、通常の防水テープでは一枚で連続的に貼れない場所があります。増し貼りをしたり、二重、三重に貼ったりする場合、どうしてもその部分が剥がれやすくなります。片面テープの場合、テープの背の部分は巻いておくための剥離紙の役目を果たしています。そのためテープの背と重なる部分は粘着面も貼りつかないのです。

そのため片面テープでは、できるだけ増し貼りをせず1回で納めることがポイントとなります。そこで有用なのが伸長性のテープです（写真7-13）。伸長性テープには一方向のみに伸びるタイプと四方に伸びるタイプがあります。一方向に伸びるものは不織布とブチルゴムを合わせてシワ加工をしたテープです。シワが伸びることで伸長性をもたせています。一度伸ばすと戻ることはないので、形状安定性に優れた伸長性テープです。

四方に自在に伸びるテープはかえって施工性が低くなる可能性があります。

写真7-13　伸張性防水テープによる納まり例

第 8 章

換気・通気用の部材と
耐久性のポイント

通気胴縁

通気構法（第Ⅰ巻P70）の外壁において、通気層の厚さを確保するとともに、外装材を支持するために用いる板状の下地材。

一般に厚さ15mm以上、幅45〜90mm程度の木材を使用します。外装材の荷重を軸組へ伝達するため、通気胴縁は柱あるいは間柱等に留め付けなければなりません。

通気構法は、土台水切りの周辺部より吸気して、通気層を経由し、軒天換気口、棟換気口、妻壁換気口などから排気することにより成立しています。従って、給気口から排気口に至るまで、湿った空気及び雨水が滞留しないように通気胴縁を適切に配置する必要があります。通気層の途中に通気の断面を減少させるものや閉塞する納まりがあると雨水や湿気が滞留してしまうので注意が必要です。

通気胴縁には縦胴縁と横胴縁があります。縦胴縁は、適切に施工した場合は通気の阻害が少なく、推奨される構法ですが、通気経路の上端部および開口部まわりで、経路を塞いでしまうと、通気や雨水の排出が妨げられるので注意が必要です。

横胴縁は外装材が縦張りの時に使われます。上下方向の通気を行わせるため、一定の間隔で隙間をあけて（1800mmごとに30mmなど）配置しますが、胴縁を水平に配置させるため、縦胴縁と比較して通気の阻害が大きいとともに、外装材の裏面に浸入した雨水が胴縁の上端部に滞留しやすい問題があります。

瑕疵担保責任保険法人によると、開口部は外皮の中で最も雨水浸入事故の多い事例とされており、窓まわりを乾燥しやすい状況にする必要があります。通気胴縁を窓枠との間に隙間をあけずに施工すると、外装材から浸入した雨水を排出することができないため、雨水が滞留する要因となるばかりではなく、通気および排気の経路も閉ざされるため、水蒸気が排出されず劣化しやすい環境となります（図8-1）。

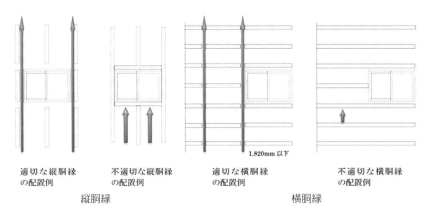

適切な縦胴縁
の配置例

不適切な縦胴縁
の配置例

適切な横胴縁
の配置例

不適切な横胴縁
の配置例

縦胴縁

横胴縁

1,820mm 以下

図8-1　通気胴縁の配置例

　胴縁の配置以外に通気の阻害をもたらす要因として、以下があります。

1）スターター、防虫網、ファイアストップなどによる通気面積の減少

2）左官材料の塗り込み時のたわみによる通気層の厚さの減少

3）外側に面材がない躯体での断熱材のふくらみによる通気層の厚さ
　の減少

　外壁通気層を小屋裏に連通させる場合は、図8-2に示すように透湿防水シートを敷桁の高さまで立ち上げ、その外側に軒天井より上部まで通気胴縁を貫通させてから、軒天井の下地を施工し、通気を確保します。

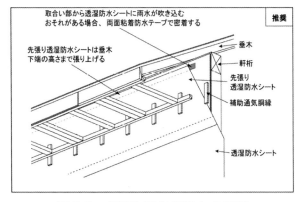

取合い部から透湿防水シートに雨水が吹き込む
おそれがある場合、両面粘着防水テープで密着する

推奨

先張り透湿防水シートは垂木
下端の高さまで張り上げる

垂木

軒桁

先張り
透湿防水シート

補助通気胴縁

透湿防水シート

図8-2　軒裏と通気胴縁との関係

（国総研資料第975号第XI章より）

149

外張り断熱のように通気胴縁の直下に構造躯体が無く、外壁の荷重を
胴縁で支持する場合は，厚18mm以上の胴縁を用いると共に、荷重に見
合う適切な種類や寸法形状の接合具を使用し、所定のピッチで留め付け
ます。土台部、胴差部、軒天井部などは断熱材と同じ厚さの補助桟を入
れて、外壁下地の補強を行う必要があります（図8-3）。

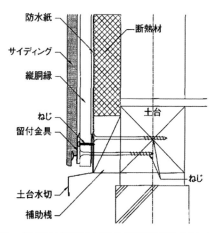

図8-3　外張り断熱外壁の通気胴縁の納まり例

現在、通気胴縁などの下地材に防腐・防蟻処理を施す事例が増加して
いますが、雨水にさらされて溶け出した防腐・防蟻剤の成分が透湿防水
シートに接触し、防水性を低下させることが関係機関より注意喚起され
ています。

しかし、適切に通気層が構築されている場合は、必ずしも通気胴縁は
防腐・防蟻処理されている必要はありません。防腐・防蟻処理された通
気胴縁を使用する場合は、十分に乾燥させた後に施工する必要がありま
す。下地用の木材は乾燥材でないものも多いので、含水率が高い材を使
用する場合は、同様に乾燥させた後に施工するようにします。

通気胴縁を用いずに通気層を確保する方法として、サイディング張り
の外壁では通気金具留めによる工法（P48）があります。通気層内の通
気阻害が少なく、透湿防水シートへの木材保存薬剤の影響の問題もなく

なります。ラスモルタル塗りでは、メーカーがそれぞれ独自に開発した特殊な通気防水シートを用いる工法（P54）もあります。

換気棟

　屋根の棟部に設置される、小屋裏空間の換気に有効で、かつ一定の防雨性を備えた部材。

　屋根材と組み合わせて設置するため、屋根材の種類や設置部の大きさに応じ構造やサイズなど、適材適所で使用することが求められます。

　棟が無い方形屋根や陸棟の短い寄棟屋根などの場合には使えませんが、隅棟や野地面から換気する方法もあります。

　瓦屋根の場合、小屋裏の空気を抜くために野地板に開口し、棟瓦の隙間から排出する仕掛けがいろいろ考えられています。スレート葺き、金属板葺き、シングル葺き屋根は金属系の換気棟部材を使うのが一般的です。

　換気棟を設ける数、長さについては小屋裏換気の評価方法基準があります。天井面積の1600分の1、有効な開口面積があれば基準を満たします。ただし、棟だけではなく、天井面積の900分の1の軒換気とセットで設ける必要があります。

　また、換気棟を屋根断熱の通気層の排気口として設置する場合は、垂木間の空間ごとの排気が可能なように留意する必要があります。垂木が棟の位置まで伸びているので、上下の空気の通気経路はありますが、最上部では空気が横には動きにくくなっています。垂木の端部がきちっと閉じるように、通称拝みという丁寧な施工になっている場合、棟の通気に関してはよくありません。垂木のプレカットが拝みになっている場合、棟の全長に換気部材を設置しないと有効な棟換気が不可能になってしまいます。

　さらに棟は風当たりが強い部位です。軒裏換気口は軒天井の下にある

ので、直接激しい風雨が当たるということはありませんが、棟の場合は高い防風雨性能が求められます。JASS12の基準では雨に伴う20m/sの風速が吹き付けたときに、野地開口から雨水が滴下しないことが求められています。業界ではさらに35 m/sの風速で基準を設定しているのが一般的です。

　ただし、風速35 m/sの風雨でもまったく雨水が浸入しないというのは現実的ではなく、しかもそのために通気経路を複雑にすると換気効率が落ちます。そのため、防風雨と換気効率のバランスを考えて判断するべきでしょう。

　現状の換気口の有効換気面積の求め方は部材に設けられた孔の大きさによるものです。しかし、空気の流量は孔の大きさだけで決まるものではなく、経路の複雑さや長さ、摩擦による抵抗を考慮したもので評価することが正しいといえます。

　そのため一律に有効換気面積を孔の大きさで決めるのは、本来であれば正しくないのではという意見もあります。αA（相当開口面積）という数値を使って、抵抗値を表すやり方もありますが、まだ一般的ではなく、孔の大きさが基準となっています。

　換気棟を連続してつけたときに、谷間の部分に隙間ができ、雨水浸入の弱点になる場合があるため、間を連結させる部材もあります。

　積雪が激しい地域では、長期間、棟に雪が積もって換気棟がふさがれることがあります。そのような地域に対応した積雪カバー付きの換気棟部材もあります。

写真8-1　換気棟（切妻・寄棟屋根）

写真8-2　換気棟（片流れ屋根）

通気見切り

　外壁通気層の空気を外気に放出する役割を兼ねた、外壁材と軒天井を見切るための部材。

　通気見切りを使わない場合もありますが、その場合は通気層の空気を小屋裏に直接入気する形になります。日本では一般的な形ですが、カナダやニュージーランドの木造住宅の小屋裏換気基準では、通気層の空気はいったん通気見切りで外気へ排出し、小屋裏への湿気の流入を防ぐことを求めています（第Ⅰ巻P203）。

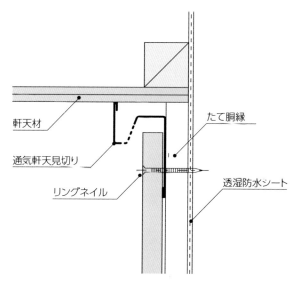

軒天材

通気軒天見切り

リングネイル

たて胴縁

透湿防水シート

図8-4　外壁―軒天上の通気見切納まり図

　妻側の通気見切りは漏水リスクが大きい部位です。屋根の勾配が急な場合、軒裏が雨がかりになり、通気見切りの開口部に水を呼び込む形になります。また、サイディングなどの横目地を横走りした水が通気見切りに入り込み、屋根勾配に沿って内面を流下するリスクがあります。対策としては、防雨性能をもった通気見切りを使用します（P229）。

笠木下換気部材

　バルコニー手すり壁やパラペットの笠木の下に設置し、通気層内の空気を排出し、かつ雨水の浸入を防止する機能を付与した部材。手すり壁によく使われるアルミ笠木用とパラペットによく使われる板金笠木用の2種類があります。

　手すり壁やパラペットの笠木下の納め方には、通気層の上端を閉塞す

る納まりと開放する納まり、換気部材で納める場合の3通りの納め方があります。

　閉塞する納まりは、通気層内部への雨水浸入に関しては問題が少ないのですが通気層内部の湿気が抜けずに結露リスクが高くなります。反対に、開放納まりは、結露リスクは低くなりますが通気層への浸水リスクが高くなります。

　通気層に浸入した雨水は、下方のサッシ天端の透湿防水シートとサッシフィンの間から漏水する原因となります。

　また、通気層上端を開放すると、台風等の強風時に通気層内の圧力が上昇し、二次止水層からの漏水リスクを高める原因となることも問題です。

　笠木下換気部材で納めると、防雨性能と通気性能を確保できるとともに、工事中の初期含水リスクを低減し、納まりを標準化できるメリットがあります。

　笠木周りは、サッシ業者、エクステリア業者、板金業者、サイディング業者、モルタル業者、大工等、多業種が入り組む部位のため雨漏りや結露事故が起こった時に、責任の所在が不明確になりやすい部位でもあります。

　また、アルミ笠木の施工は最後になることが多いため、下地が長期間雨水にさらされ、初期含水率が高くなるリスクがあります。このようなことを避けるためには、可能な限り職能を減らし、工事中の雨水にさらされる期間をなるべく少なくし、雨仕舞を早くできる工夫が肝要です。

　特にパラペットに多い板金笠木ディテールは、標準的な納まりが確立していないこともあり、瑕疵保険会社の統計でも事故の多い部位に挙げられています。

　図8-5に、三方パラペットの場合の雨仕舞と通気が考慮された納まりの参考例を示します。

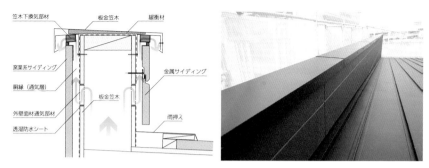

笠木下換気部材　　板金笠木　　緩衝材

窯業系サイディング

胴縁（通気層）

板金笠木

外壁面材通気部材

透湿防水シート

金属サイディング

雨押え

図8-5　三方パラペット屋根の雨仕舞と通気が考慮された納まり例

　この納まりではパラペット内部の湿気を通気層へ排出し、換気部材を通じて外気へ排出します。換気部材を手すり壁の側面に固定し、換気部材のフィンに板金笠木を固定します。そうすることによって、弱点である手すり壁天端への貫通孔を明けずに済みます。積雪地では、パラペットの屋根面側の壁面に窯業系サイディングを用いると凍害のリスクがあります。屋根材・パラペットの屋根面側・笠木すべてを板金仕舞とすることによって、職能の取り合いが無くなり施工時期も早くなるため、工事中の雨水にさらされる期間が短く、リスクを抑えることができます。

　通常水上側の野地下の空気は換気雨押えで外気に排出しますが、積雪地では雪で閉塞されるため、野地下の通気をパラペット内部を通って通気層へ抜き、笠木下換気部材から外気へ排出する経路を取ることもできます。ただし、通気層を通った換気経路は、小屋裏換気の有効なものと認められませんので、注意が必要です。

コラム 吸気と給気

　この二つは、換気「口」と換気「孔」（P113）同様に換気関連の基準や仕様書で使い方がまちまちな用語です。

　給気は、建築設備の分野では居室の換気における新鮮空気の導入という意味で使用され、吸気は金融支援機構木造住宅工事仕様書を中心に、特に小屋裏や軒裏の換気において、空気が入ることを「吸気」としています。

　もともと、吸気は「呼吸」、呼気（吐く息）・吸気（吸う息）の行為です。機械などで作動に空気を必要とする場合、機械に必要な空気を吸気、作動として利用した後の不必要になった空気を排気と呼んでいました。機械を中心にした表現と言えます。

　現在が居室に対して必要な新鮮な空気を供給する、という意味で「給気」が使われています。英語では「supply air」です。人を主体に考えているとも言えます。

　小屋裏空間の換気は、人の健康が主目的ではなく、建物の耐久性が目的なので、木造住宅工事仕様書では、あえて給気ではなく、吸気を用いているのかもしれません。

第9章

住宅外皮の不具合と
早期劣化はどう防ぐ？

木造住宅の外皮に発生する不具合

　不具合とは、一般に製品等の調子や都合、状態が悪いこと、所期の機能が果たせず、使用に支障をきたすことを指します。不具合は必ずしも劣化を意味しませんが、建築物では機能障害と部材の劣化はしばしば同時に生じるため、計画耐用年数の前に生じる早期劣化はそれ自体不具合と見なされます。しかし経年劣化や、想定外の外力、たとえば竜巻、火災、洪水、戦争などで生じた破損、損傷、欠損、破断などは通常不具合とは見なされません。

　そこで、住宅外皮の不具合は次のように定義されます[1]。

　「外皮に期待される所定の性能を発揮できない状態、日常生活に支障をきたす状態、およびこれにつながる部材の変形、損傷、外観上の著しい変化、計画耐用年数の前に生じる部材の早期劣化を言う。ただし、材料の経年劣化、または想定外の外力で生じた破損、損傷、欠損、破断などは除く」

　木造住宅の外皮に求められる性能には、表9-1に示すように多くの項目があります。これらの要求性能を適正に発揮できない状態が外皮の不具合ということになります。ここで注意したいことは、これらの性能はお互いに関連しあっているということです。

　近年、市街地を直撃した台風により、多くの住宅屋根で屋根材の飛散などの被害が発生しました。その後の調査で、特に経年した屋根では雨漏りや結露で下地材が劣化したために屋根材を留め付ける釘の引き抜き耐力が低下し、屋根材が飛散した事例が多いことが分かっています。この事例では防水性能・防露性能と耐久性、耐風圧性能が切り離せない関係にあることが分かります。

表9-1　木造住宅の外皮に求められる性能

全ての部位で共通して求められる性能	耐久性能
	維持保全性能
	断熱性能
	防露性能
	防水性能
屋根・外壁・バルコニーに求められる性能	耐風圧性能
	耐衝撃性能
	防耐火性能
	遮熱性能
	発生音遮断性能
	耐熱伸縮性能
	対雪性能
床下・地下外壁に求められる性能	防湿性能
	防カビ性能
	防シロアリ性能

　これらの不具合は具体的には以下に例示するような事象として表れます。なお、巻末の資料編には実際の住宅で発生した各種の不具合事例を収録しています。

1）雨漏り

　屋根、外壁、バルコニーの各部から浸入した雨水による雨染み。浸入雨水の天井や窓の上部からの滴下、小屋裏や壁内への滞留による下地や躯体木部の腐朽、強度低下。滞留雨水が水分供給源となる内部結露の発生。

2）結露

　ガラス面や建具枠面の結露水の流下とこれに伴う内装材の汚染やカビの発生。野地板の裏面や壁内の低温部で発生する内部結露水による下地や躯体木部の腐朽、強度低下、断熱材の湿潤による断熱性能の低下。

3）機械的損傷

　　強風による屋根材の破損、釘の引き抜けによる飛散、躯体への緊結耐力が不足した棟瓦の脱落、およびこれらに伴う屋根の防水機能喪失。飛散、脱落した屋根材による下方の屋根面や近隣への二次被害。熱伸縮、メンテナンス時の屋根面歩行、落雪による屋根材の損傷。飛来物による衝撃、人や器物の接触による外装材の損傷、重量物の落下や手すりへの寄りかかりなどによるバルコニーの損傷。強風下での窓ガラスの破損で増大した室内圧力による屋根構造の損傷。

4）ひび割れ、剥離、変形

　　材料の寸法変化や下地の挙動に伴う外装仕上げ面のひび割れ、シーリング目地のひび割れ、剥離、およびこれらに伴う雨水浸入。湿気による仕上げ材の反り、ふくれ。

5）凍害

　　過剰な含水と凍結融解繰り返しによる無機質多孔性外装材の劣化。

6）腐食

　　異種金属イオン、塩分等との接触による金属外装材の錆発生。

7）外観変化

　　紫外線の作用、表層仕上げ材の脱落、ほこりの堆積や藻類の付着による外装材表面の変色、粗面化。

8）異音

　　屋根面上の雨滴衝撃音発生。外壁通気層内の気流で防水シートが振動することによる風音発生。

9）かび

　　高湿化と通気不足による床下のかび発生とこれに伴う健康障害。

10）腐朽・しろあり食害

　　浸入雨水、内部結露水、初期含水分が排出されないための高含水状態の継続による躯体木部の腐朽。基礎コンクリート打ち継ぎ部、基礎断熱材でのシロアリ進入口形成による床組み木部のシロアリ食害発生。

参考文献

1）国土技術政策総合研究所資料第975号「共同研究成果報告書　木造住宅
　　の耐久性向上に関わる建物外皮の構造・仕様とその評価に関する研究」
　　第Ⅸ章　木造住宅外皮の設計施工に起因する不具合事例集。

不具合が起きる仕組み

　一般に住宅が完成した後に雨漏りや結露などの不具合が発生すると、
手抜き工事のせいと片づけられることが多いのですが、これらの不具合
が発生する原因の所在は、住宅の設計、施工、使用、維持管理の全ての
過程と情報伝達を含む広い範囲にわたっています。

　木造住宅の外皮で不具合の発生につながる問題点と具体的な例を、原
因の所在別に表9-2に要約して示します。

表9-2　木造住宅外皮の不具合の発生につながる問題点と具体的な例

原因の所在	問題点	問題点の内容や不具合の具体的な例
外皮の設計	設計者の地域性の理解が不十分	積雪、強風雨　降灰、シロアリ被害
	設計者の敷地条件の理解が不十分	地下水位、湧水、雨がかりと風当り、隣棟間隔
	浸水を招きやすい部位形態の採用	雨がかりが厳しい 流下雨水が集中しやすい 排水支障発生時の危険度が高い 表面および浸入した雨水が滞留しやすい 施工が複雑な取り合いがある 保守点検が難しい
	浸水を招きやすい層構成、構法・仕様の採用	部材緊結具の相互貫通による層間の浸入雨水移動経路の形成 外装材支持部材、建具枠他の層間横断部材による浸入雨水の滞留と室内側への移動 二次止水層の止水性能不十分 外装材の保水と放散水分の室内側への拡散経路の形成 浸入雨水の排出口の不備

		結露を招きやすい部位形態の採用	通気に有効な換気口配置や通気経路の確保が困難 外皮内空間の気積が不十分 日影による局部的低温部の形成
		結露を招きやすい層構成、構法・仕様の採用	断熱層内外各層の透湿抵抗比が不適切 断熱層外気側の通気措置が無い 熱橋の形成
		設計図書における工事仕様詳細の欠落	各部納まりの詳細図が無い 仕様書に使用材料や工事方法の詳細が明記されていない 施工者の裁量による低品質の材料の選定 誤施工によるリスク増大
		外皮構法・仕様の適正な選択についての発注者の関心不足	デザイン優先で雨漏りや劣化リスクの大きい部位形態の採用 作り手まかせで低位の構法・仕様の採用
		工事監理の不在	設計図書の記載の通りに工事が行われない 工事中に発生した不具合が是正されない
	外皮の施工	低品質材料、不適合材料の使用	コスト削減を優先 防水、防露の目的を果たす上で性能が不十分な製品
		不適切な材料水分管理	未乾燥木材の使用 現場搬入資材や、建て方を終えた躯体の雨養生の不足 木工事実施時の基礎コンクリートの過剰水分
		不適切な工具使用、工事方法の採用	不適切工具を用いた留め付けによる二次止水層の損傷 不適切な下地処理 プライマー施工の不実施 防水テープの張り重ねの誤りや圧着の不足
		不適切な工事管理、工程管理	不適切な工程や作業環境での工事実施 異業種施工取り合い部の誤施工や緊結施工漏れ
	住まい方	設計で想定しない室内温湿度環境	加湿、植物、水槽等による著しい高湿化 過度に低い冷房設定温度による床・壁・天井面の低温 無暖房室での結露発生
		設計で想定しない外力の作用	物干し竿、鉢類などの落下物によるバルコニー床の損傷 寄りかかりや布団干しによるバルコニー笠木の損傷、雨漏り
	維持管理	浸水、湿害発生につながる異常事態の放置	ホコリの堆積 小動物の浸入 植物の繁茂、工作物の設置による湿潤、通風阻害
		定期的点検、必要な補修を実施しない	外皮構成部材の経年劣化放置 台風や地震で起きた外装材のずれや損傷の放置
		不適切な補修、改修	スレートの不適切な塗装リフォーム工事による雨漏り

情報伝達	住まい手の外皮仕様選択および維持管理に関わる情報が不足	外皮の構法・仕様と耐久性グレードに関わる情報 部位・部材のライフサイクルコスト情報
	作り手が適正な工事実施に関わる有用な情報を活用しない	標準仕様書、設計施工基準、設計・施工ガイドライン、部材メーカーの施工マニュアルに準拠しない材料選定、構法詳細、工事計画、施工要領の決定
	異業種施工取り合い部位の工程連携に関わる情報授受が不十分	屋根と外壁の取り合い部の部材の張り重ね順序の誤りによる雨漏り 緊結施工漏れによる風被害

住宅デザインで気を付けたいポイント

　昔から、家造りの際、出来るだけ避けることが望ましい敷地の条件、屋根、外壁の構造や形、工事の進め方があることが経験的に知られています。がけ崩れなどの防災面、湿気などの健康面についてのものもありますが、ここでは耐久性に関わる劣化リスク要因を取り上げます。特に木造住宅では水分が劣化に大きく関係するため、雨漏りや結露などの発生に結び付く要因がその主要なものになります。

　2021年に日本建築学会から刊行された「木造住宅外皮の防水設計・施工指針および防水設計・施工要領（案）」では、雨漏り事故や不具合事例の調査資料に基づいて、木造住宅の劣化の主要因である雨漏り、結露その他の湿害発生のリスクを高める設計・施工上の要因を201項目抽出しています。

　それらの中で、不具合の発生頻度の高さ、発生した場合の被害の重大さ、早期発見の難しさなどの観点から特にリスクが高いとみなされる要因を示し、他に代替案がある場合は住宅の建設においてこれらの要因を含まないように計画すること（高劣化リスク要因の回避）を推奨しています。そしてそのことによって住宅の性能や資産価値を維持しつつ一定期間住宅を使い続けるためのライフサイクルコストを少なくすることが

でき、最も合理的な耐久計画が可能になるとしています。

　以下、この指針に基づき、木造住宅の水分に起因する劣化リスクが高いとされる主要な要因とリスクの内容を、敷地の選定や住宅の間取り、外観のデザインに関係する項目に絞って紹介します。なお、各項目にカッコ書きで付記したリスクの高さの程度を示す略号のうち、「頻」は不具合の発生頻度の高さ、「害」は発生した場合の被害の重大さ、「見」は早期発見の難しさを示します。敷地の選定以外の項目については、図9-1、図9-2を参照して下さい。

＜敷地の選定に関わる項目＞

ａ．地下水位が高い敷地（田んぼの跡地、排水が不良な造成宅地など）

　　床下空間が多湿になり、木部の劣化・シロアリ被害・カビ発生などが起きる。(頻―低、害―中、見―難)

　　湧水で基礎が低温になり、結露に伴う劣化が起きる。(頻―低、害―中、見―難)

ｂ．崖上敷地

　　風当たりが強く強風雨時に外壁各部から雨水が浸入する。(頻―中、害―中、見―中)

　　強風雨時吹上げた雨水が軒天井換気口から内部に浸入する。(頻―中、害―中、見―易)

＜間取り・窓の配置に関わる項目＞

ｃ．両側に壁が無い窓、横に並んでつながった窓 ［図1］

　　窓周囲の壁体との止水処理が不完全になり、雨漏りする。(頻―中、害―中、見―難)

ｄ．曲面の外壁 ［図2］

　　壁体と窓、水切り間の止水処理が不完全になり、雨漏りする。(頻―中、害―中、見―難)

ｅ．下階が居室のバルコニー（ルーフバルコニー（P72））［図3］

　　ルーフドレン（P117）が詰まると下階の外壁内部や室内に水漏れ

する。（頻―高、害―大、見―難）

　　バルコニー床下の換気不足で床下空間や手すり壁内部が劣化する。
（頻―中、害―中、見―難）

ｆ．バルコニーの手すり壁が外壁にぶつかる［図4］

　　手すり壁天端と外壁の取り合い部の止水処理が不完全で雨漏り、下
地の劣化が起きる。（頻―高、害―大、見―難）

　　手すり壁下端水切りと外壁の取り合い部の止水処理が不完全で雨漏
り、下地の劣化が起きる。（頻―中、害―大、見―難）

ｇ．入り組んだ平面形のバルコニー［図4］

　　笠木（P116）の出入隅部の止水処理が不完全で雨漏り、下地の劣
化が起きる。（頻―高、害―中、見―難）

＜屋根、外壁、バルコニーの形状に関わる項目＞

ｈ．下屋の軒先が壁止まりになる（壁止まり軒部（P38））［図5］

　　下屋の流れ方向の壁際の排水処理が不完全になり、外壁内部への浸
水、下地の劣化が起きる。（頻―高、害―大、見―難）

ｉ．テラスなどの土間コンクリート上面が基礎の打ち継ぎ位置より高い
［図6］

　　基礎打ち継ぎ部から雨水が床下に浸入する。（頻―高、害―小、見―難）

　　基礎打ち継ぎ部からシロアリが床下に進入する。（頻―中、害―中、見―難）

ｊ．外部に露出した、上下に壁が無く独立した梁（独立化粧梁（P68）、
パーゴラ）［図7］

　　変形が大きいため防水処理が破断して雨漏り、劣化が起きる。（頻―
中、害―大、見―難）

　　梁と外壁の取り合い部の止水処理が不完全で雨漏り、下地の劣化が
起きる。（頻―中、害―大、見―難）

　　梁内部の通気不足で内部が劣化する。（頻―中、害―大、見―難）

ｋ．バルコニーの手すり壁が下階の外壁と連続［図8］

　　手すり壁笠木から浸入した雨水が下階外壁の窓まわりから室内に漏
れ出す。（頻―高、害―大、見―難）

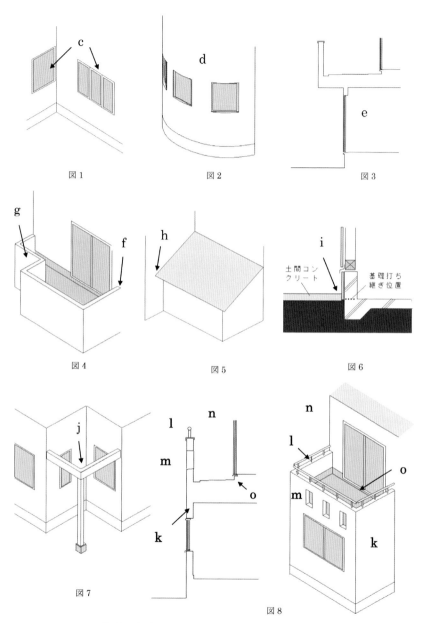

図9-1　住宅デザインで気を付けたいポイント（その１）

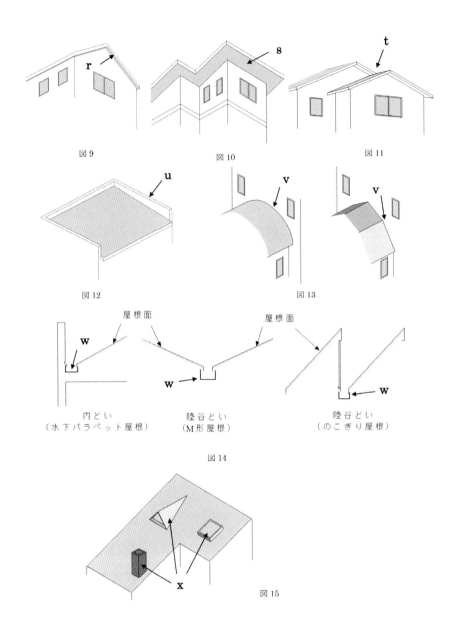

図 9　　図 10　　図 11

図 12　　図 13

屋根面　　屋根面

w　　w　　w

内どい
（水下パラペット屋根）

陸谷どい
（M形屋根）

陸谷どい
（のこぎり屋根）

図 14

図 15

図9-2　住宅デザインで気を付けたいポイント（その2）

ｌ．笠木の上部に手すりレールが付いたバルコニー手すり壁［図8］

　　　レールの取り付け部分から笠木下への雨漏り、下地の劣化が起きる。

　（頻―高、害―大、見―難）

ｍ．バルコニー手すり壁の飾り開口［図8］

　　　開口部下部の隅角部の止水不完全個所からの浸水、通気阻害により

　下地の劣化が起きる。（頻―中、害―中、見―中）

ｎ．上方に軒の出、庇が無いバルコニー［図8］

　　　豪雨時に振り込んだ雨で水位が上がり室内、壁内への浸水が起きる。

　（頻―高、害―小、見―難）

　　　壁面の流下雨水、床面の跳ね返り雨水がサッシ下枠と防水層の隙間

　から浸入する。（頻―中、害―小、見―難）

ｏ．バルコニーに面するテラス窓の立上りが不十分［図8］

　　　豪雨時に水位が上がった場合、窓下から室内に浸水する。（頻―低、

　害―大、見―易）

　　　バルコニー床防水層の立上り部の施工が困難で、不完全施工個所か

　ら床下に浸水する。（頻―高、害―大、見―易）

　　　バルコニー床防水層のメンテナンスが困難で、経年後の浸水リスク

　が高い。（頻―低、害―大、見―易）

ｐ．アクセスができない陸屋根

　　　ルーフドレンの詰まりが放置され、オーバーフローした雨水が壁内

　に浸入する。（頻―低、害―中、見―難）

ｑ．勾配が過度に緩い屋根

　　　屋根葺き材の重ね部からの浸水、下地の劣化が起きる。

ｒ．屋根の軒の出、けらばの出が極度に小さい［図9］

　　　屋根と外壁の止水層の不連続箇所から雨漏りする。（頻―高、害―大、

　見―難）

　　　外壁面の雨がかりが厳しく、全般に雨漏り、劣化リスクが増す。（頻

　―高、害―大、見―難）

　　　屋根端部の板金と外壁の取り合い部の工事が不完全となり、雨漏り、

　風被害が発生する。（頻―高、害―大、見―難）

s．軒裏が水上側に突き出した片流れ屋根［図10］

　　軒裏を濡らす雨水が流下し、外壁取り合い部から浸入する。（頻—高、害—中、見—難）

t．棟違い屋根（P37）［図11］

　　棟部の板金施工や下地の防水施工が複雑になり、施工不完全個所から雨漏りする。（頻—中、害—大、見—難）

u．パラペット（P34）のある勾配屋根［図12］

　　屋根のパラペット壁際の止水不完全個所から雨漏りする。（頻—低、害—中、見—難）

　　パラペットで日陰になる屋根面の内部で結露が発生する。（頻—低、害—中、見—難）

　　水上側のパラペット壁際で小屋裏換気が不十分となり結露が発生する。（頻—低、害—中、見—難）

　　パラペット笠木が屋根面と連続する場合、雨水が集中し、止水不完全個所から雨漏りする。（頻—低、害—大、見—難）

v．妻側が外壁と取り合うR屋根、腰折れ屋根［図13］

　　取り合い部の板金材、下葺き材立上りの止水不完全個所から雨漏りする。（頻—低、害—中、見—難）

w．屋根面の谷部（P30）、陸谷部、内どい［図14］

　　ゴミの堆積、落とし口の詰まりによってオーバーフローした雨水が室内に漏水する。（頻—中、害—小、見—難）

　　滞留水による腐食、滴下水によるエロージョンで板金に孔が明き、室内に雨漏りする。（頻—中、害—大、見—難）

x．屋根面上の突出物（換気塔（P226）、天窓（P94）、煙突など）［図15］

　　突出物外周と屋根面の雨仕舞不良により雨漏りする。（頻—高、害—大、見—難）

　このように高劣化リスク要因として取り上げられているほとんどの項目は、決して特殊なものではなく、近年建設された一般の住宅ではごく

普通に見かけるものです。指針にならって計画当初にこれらの要因の回避を検討するか、あるいは回避しない場合でもリスクが高い要因であるという認識のもとに設計・施工上十分配慮して対応することが高耐久な家造りのポイントと言えます。

第9章　住宅外皮の不具合と早期劣化はどう防ぐ?

第10章

木造住宅の耐久性向上への
取り組み（その２）

熱湿気同時移動シミュレーションの活用

（1）熱湿気同時移動シミュレーションとは

　建築材料は木材やコンクリートのような多孔質材料と金属やガラスのような非多孔質材料に分けることができます。前者は材料内部の細孔に水分を保持することができますが、後者にはそのような性質はありません。建築材料と空気層で構成される建築壁体や構造体の内部においては、気象の変化や暖冷房などの人為的な作用によって熱と水分は複雑な挙動を示します。壁体内の温度や湿度が不均一であれば、その不均一さを解消する方向に、熱と水分は拡散したり、移流（気流によって移動すること）したりします。本書のテーマの一つでもある、内部結露や非乾燥を原因とする壁体の耐久性低下という現象も、こうした熱と水分の挙動の結果であると解釈されます。

　当然のことですが、科学者はこのような壁体内の熱と水分の物理的挙動を支配する数理モデル（数式の集まりで構成される）を作成し、そのモデルに材料が有する性質（物性値）や気象条件などを代入して、温湿度の分布や結露量を算出するアルゴリズム（数理的論理の体系）を志向してきました。コンピューターの大発展と共に、こうしたアルゴリズムは「熱湿気同時移動シミュレーション」（以後、単に「シミュレーション」と言う）というコンピューターツールとして商品化され、いまや一般人にも使用できる状況になっています。

　このようなシミュレーションツールの中で世界的に有名なものとして、ドイツのフラウンホーファー研究所が開発した"WUFI"（「ヴフィー」という、http://www.wufi.jp/guide/）を挙げることができます。日本製の商用ツールには、筆者（坂本）が基盤を開発した"H&M"（http://www.ae-sol.co.jp/_src/sc280/HandM.pdf）がありますので、それを用いた計算事例を後で紹介します。このシミュレーションツール

において使用されている物理原理は、熱保存則（エネルギー保存則）と質量保存則の二つです。本書では、シミュレーションで使用されている偏微分方程式や差分方程式については省略しますが、興味のある読者はぜひ上に示したURLや教科書（例えば、エース建築環境工学Ⅱ、鉾井修一ほか著、2002朝倉書店）を参照されるとよいと思います。

（2）熱湿気同時移動シミュレーションと材料の物性値

シミュレーションによって算出される温湿度分布の意味を理解するためには、壁体を構成する材料の物性値の特徴を認識していなければなりません。本書の第Ⅰ巻、第1章でも簡単に触れましたが、温湿度分布に影響する物性値は、熱伝導率、容積比熱（詳細は省略）、湿気伝導率（透湿率）、湿気容量（平衡含水率曲線から導かれる）の4つと考えられます。

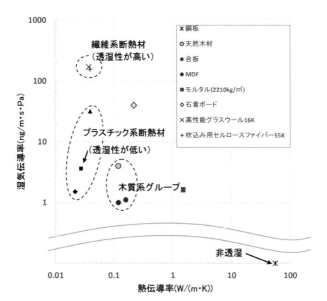

図10-1　主な建築材料の熱伝導率と湿気伝導率

※1熱伝導率の出典：平成28年度省エネルギー基準関係技術資料、エネルギー消費性能計算プログラム
※2湿気伝導率の出典：平成25年省エネルギー基準に準拠した算定・判断の方法及び解説、Ⅲ住宅の設計施工指針、国交省＆建研、平成26年

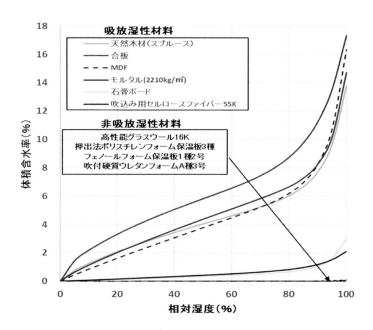

縦軸: 体積含水率(%) 0〜18
横軸: 相対湿度(%) 0〜100

図10-2　主な建築材料の体積平衡含水率

※1 体積含水率＝重量含水率×乾燥時の材料密度÷水の密度
※2 重量平衡含水率の出典：建築材料の熱・空気・湿気物性値、K.KUMARAN著、日本
　　建築学会訳、2001、吸湿側の含水率を使用。

　図10-1と10-2に、木造建築に使用される主な材料の物性値を示します。図10-1は、横軸に熱伝導率を、縦軸に湿気伝導率を取り、各材料の数値をプロットしたものです。熱伝導率が小さなものが断熱材ですので、同じ断熱材に属するものでも、繊維系のものは透湿性が高いが、プラスチック系のものは透湿性が低いことを読み取れます。両者の差は湿気伝導率では100倍にも達しますので、前者を使用する場合は、冬期の防露のために防湿フィルムの施工が必要になることを推察できます。

　図10-2は、材料の体積平衡含水率を示したものです。多孔質材料の中でも、木質系の材料は微細孔が多いので吸放湿性が高く、相対湿度の上昇とともに平衡含水率が上昇します。吸放湿性が高いということは、大量に湿気を吸う能力もありますが、急激に温度が上昇した時は、材料中の水分を周囲に放湿する能力も高いので、通気層などの結露対策が必

要になる場合があります。一方、多孔質性材料であっても、断熱材はセルロースファイバー以外は平衡含水率が極端に低いので吸放湿しない材料と言えます。

（3）シミュレーションの活用事例

最後にシミュレーションを用いた検証事例として、本書の第Ⅰ巻P175に掲載されている国土交通省高度化事業の実証棟を対象にしたシミュレーションについて紹介します。

まず、このようなシミュレーションが現実（実測値）をどれくらい再現することができるか、検証します。実証棟では屋根の東側半分（屋根D）が野地板（合板）の下の空気層を密閉した仕様になっています。この空気層の南側に#9の温湿度センサーが、北側に#11のセンサーがそれぞれ取り付けられ、温度と相対湿度が長期間計測されていました（図10-3参照）。図10-4の左列に計測結果の一例を示します。#9の空気層では夜間に相対湿度が100%に達して結露が発生していることが分かります。一方、#11の空気層では相対湿度は40%前後で結露は発生せず健全な環境になっています。シミュレーションにおいても、このような差が発生するのか、シミュレーションを行ってみました。

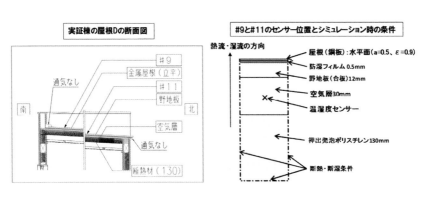

図10-3　実証棟の屋根Dの断面図とセンサーの位置

シミュレーションは、図10-3の右側に示すように鉛直方向だけの1

次元計算とし、#9と#11に対して別々に行いました。両シミュレーションでは野地板（合板）の初期相対湿度以外はすべて同一の条件としました。野地板の初期相対湿度は、#9が98%、#11が45%です。これは、#9の野地板だけが建設前の降水で水をかなり含んだであろうと推定したためです。図10-4の右列にシミュレーション結果である空気層の相対湿度を示します。左列の実測と比較すれば分かるように、シミュレーション結果は、#9の高湿度と#11の低湿度をよく再現しています。空気層が密閉されていれば乾燥が進まないため、野地板が含水してしまうと、#9のように高湿度状態が継続されることがシミュレーションでも確認できました。

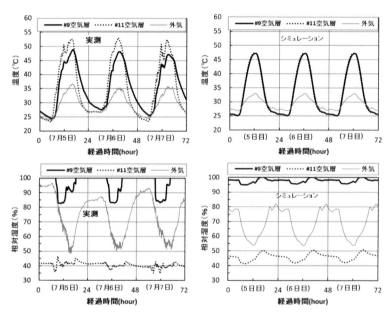

図10-4　実測結果（左側のグラフ）と
シュミレーション結果（右列のグラフ）の比較

※1 実測結果は2016年7月5日〜7日のもの。
※2 シミュレーションでは、東京の拡張アメダス気象データの8月9日のものを毎日使用し、計算開始から5〜7日目の計算結果を掲載。
※3 シミュレーションでは、合板の初期相対湿度が異なる計算（＃9では初期相対湿度は98%、＃11では45%）を行った。

ところで、空気層が通気されていて外の乾燥空気が空気層に流入するようになっていれば、高湿度状態も解消される方向になるはずです。シミュレーションを行ってこのことも確認してみました。図10-5はその結果ですが、空気層の換気回数が5回/hであれば、初期の高湿度は低下していき、27日後には80%以下になることが分かります。

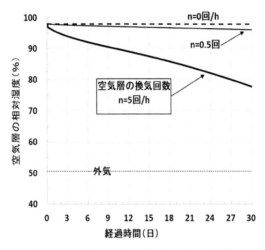

図10-5　空気層の換気回数と相対湿度の低減（乾燥過程）
※1 外気の温湿度条件：25℃50%、一定。
※2 合板の初期相対湿度は全ケースで98%。

屋根通気層空間内の湿度分布

　一般に居室や小屋裏などの空間内で温度の違いがあることは良く知られています。空気の性質で、暖かい空気は比重が小さいため、上方に溜まり、冷たい空気は重くなって下に溜まります。また、窓際足元にはコールドドラフトと呼ばれる低温の空気の塊があり、これが冬期の足元の冷

えの原因にもなります。

　これに対し、これまで湿度、すなわちH_2Oの気体、水蒸気について
は空間内での分布はない、と考えられてきました。水蒸気の拡散は非常
に早く、空間内では均質化、より具体的には濃度は一定という考えです。

　ところが、近年、同一空間内でも、水蒸気濃度に差異があると考えな
ければ説明のできないことが複数、確認されてきました。一つの小屋裏
で、結露の起こる場所と起こらない場所があることは多くの観察で明ら
かですが、これまではその原因は温度の差異とされてきました。水蒸気
濃度にも差異があるとすれば、対策として考え直すべきことも出てきます。

　本書第Ⅰ巻第10章で紹介した事例がまさに、水蒸気濃度の分布があ
ると考えられた現象でした。ここではこれの再現実験の様子を示します。

　「住まいの屋根換気壁通気研究会」で建設した耐久性実験棟の三方パ
ラペット屋根（勾配0.5寸）の小屋裏で竣工直後から大量の水が見つか
り、その後1年に亘って水濡れ部は増加しました。詳しくは第Ⅰ巻
P175を参照してください。

　2016年12月以降、天井と断熱材を除去し、常に野地板が下から見え
る状況にしました。小屋裏部を室内に開放したわけです。漏水の可能性
を確認するためで、大雨の途中や後などに念入りな観察が行われました
が雨水浸入の形跡は一切認められていません。野地板を開放して以来、
黒色変化の拡がりは止まり、以降、含水率も低下しました。

　この建物は建設中に降雨の影響を受け、野地板が雨の水分を吸収して
いたと考えられます。つまり、建設時の降雨による水分が野地板に吸収
され、竣工後、野地板から放出された水蒸気が結露の原因であったと考
えられます。

　ところで、第Ⅰ巻の写真10-2でも明らかなように、結露部位は小屋
裏全体ではなく、水上側にあたる南側から始まり、その後北に向かって
拡大しました。もし、従来から言われてきたように小屋裏空間（非常に
狭いですが）内で水蒸気濃度に差異が無ければ説明がつきにくい現象
です。

　この現象を説明するために、以下の仮説を考えました。

① 施工時の雨によって水を含んだ屋根下地合板全体から、日中の温度上昇、または日射によって水蒸気が小屋裏空間に放湿される。

② 空気の中で常在する気体の中で最も比重の軽い水蒸気が最上部に移動する。

③ 最上部空間の絶対湿度が上昇し結露する。結露水は木部に吸収され、黒色変化となる。

このように書くとそれらしいですが、何度も書きますが、これまで、このような狭小空間内では水蒸気濃度に分布はないと言われてきました。この仮説は根底から反しています。

そこで、実験室で検証実験を行いました。

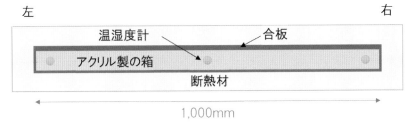

図10-6　通気のない小屋裏再現実験の試験体

写真10-1　実験中の様子

水蒸気を通さないアクリル板で箱を作成し、別途、水を含ませた合板で蓋をしています。周囲をアルミテープでしっかり塞ぎ、水蒸気が外に漏れ出ないようにしています。箱内3か所に温湿度計を入れ、局所的な温湿度を測定しました（図10-6、写真10-1）。箱内の湿度変化の一例

を図10-7に示します。縦軸は絶対湿度ですが、水蒸気濃度とほぼ同じで、これが大きいと水蒸気濃度も大きくなります。

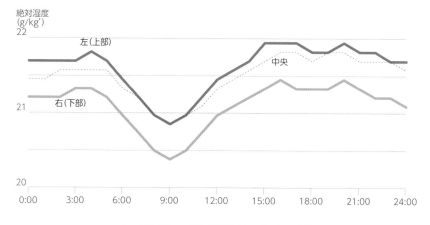

図10-7　箱内湿度の変化の一例
（0.5寸勾配で実験室内に静置した状態）

　実験では仮説の妥当性を示す水蒸気濃度の分布が記録されました。結果をまとめ、表10-1に示します。

表10-1　再現実験の結果：小屋裏の湿度分布

静置状態	温度差*（℃）	絶対湿度差（g/kg'）
水平	0.0	0.0
垂直：左上	0.8	0.85
垂直：右上	− 0.9	− 0.97
実験棟0.5寸（左上）	0.5	0.6

＊（注）温度差 ＝ 左 − 右

　実験棟の状況がほぼ再現され、水平に静置した場合は水蒸気濃度に差はみられず、垂直、あるいは実験棟と同じ勾配に置いた場合は、常に上部に位置する方の水蒸気濃度が高くなっています。

以上より、従来から言われてきたことに反し、狭小空間でも水蒸気濃度には分布ができることが明らかになりました。空気の大部分を占める窒素分子に比べ、水蒸気分子は比重が小さいことからもこの状況は説明ができると考えられます。

　建築各部空間の湿度性状とこれの耐久性への影響を検討する際に、水蒸気濃度に分布があることは、検討の過程をより複雑にします。今後は、こういった性状にも留意していくことが重要と考えます。

参考文献

1 ）大西・石川・岩前・坂本・神戸・松尾「木造建築の耐久性向上を目的とした、実大木造建物の各部位における水分の挙動に関する研究　その1 研究の概要」日本建築学会大会学術梗概集　環境工学Ⅱ, Vol.2017, pp.211-212, 2017年7月
2 ）岩前・石川・大西・坂本・神戸・松尾「木造建築の耐久性向上を目的とした、実大木造建物の各部位における水分の挙動に関する研究　その2 初年度の水分挙動」日本建築学会大会学術梗概集　環境工学Ⅱ, Vol.2017, pp.213-214, 2017年7月

資料編

資料編　目　次

資料I　「外部の水分」に関わるニュージーランドの建築基準

資料II　住宅外皮の不具合事例

屋根の不具合

外壁の不具合

バルコニー・パラペットの不具合

木部の劣化

資料Ⅲ　換気・通気部材

性能・仕様

設置位置と種類

資
料
編

資料 I 「外部の水分」に関わるニュージーランドの建築基準

●外皮構造の雨水浸入リスク評価に基づく建築基準適合判定の実践例

　わが国では、建築物の外皮が防水性を備えることは自明の要件として、建築基準法に規定はないが、ニュージーランド建築基準法のE2項「外部の水分」(New Zealand Building Code Clause E2 External Moisture)は「建築物は外部からの水分の浸透および滞留に対して適切な抵抗を有するように建設しなければならない」と規定している。この外部の水分は雨水、地中水、外気の湿気を指す。

　同国において、建築物の仕様が法律の規定に適合することを判断し、検証するために準備される文書 "Acceptable Solutions and Verification Methods" の "E2 External Moisture, E2/AS1, Acceptable Solution, 3.0 Weathertightness risk factors" は、3階建て以下の木造建築物の計画時に、敷地の条件、規模、立面形態、外皮各部の取合い形態、デッキやバルコニーの構造や配置などに応じて、雨水浸入リスクの大きさを評価し、その評価に応じて使用可能な外装の種別を制限し、リスクが過大な計画に対しては計画の見直しを求める規定である。

　規定適用の具体的な手順は以下のとおりである。

　まず計画中の建築物の詳細な図面をそろえる。次に図面に基づいて下記の6項目のリスク要因(risk factor)ごとに、定められた基準(表 I-1)に従ってリスクのレベル(低～非常に高い)を判定する。(2)から(6)については建物の各方位の立面ごとに行う。

- (1)　敷地の基準風速
- (2)　階数
- (3)　屋根と外壁の取り合い部の形状
- (4)　軒の出寸法
- (5)　平面形状と外装の構成
- (6)　デッキ、バルコニーの形式

表Ⅰ-1　雨水浸入リスクの判定基準とリスクスコア

リスク要因	区分	リスク レベル	リスク スコア	備考
敷地基準風速	Low (L：32 m/s 未満)	低	0	ニュージーランド規格 NZS3604"Timber framed building" の規定に 準じて決定する
	Medium (M：32 - 37 m/s)	中	0	
	High (H：38 - 44 m/s)	高	1	
	Very High (VH：45 - 50 m/s)	非常に高	2	
	Extra High (EH：51 - 55 m/s)	極めて高	2	
階数	平屋	低	0	
	一部2階	中	1	
	2階	高	2	
	2階超	非常に高	4	
屋根・ 壁取り合い	屋根勝ちで保護される	低	0	寄せ棟、切妻で軒の出あり
	部分的に露出	中	1	寄せ棟、切妻で軒の出なし
	完全に露出	高	3	陸屋根、片流れ水上軒
	外壁区画の内側で屋根面が 中断する	非常に高	5	壁際、煙突、ドーマー
軒の出	平家部 600mm超	低	0	
	平家部 451-600mm、 2階部 600mm超	中	1	
	平家部 101-450mm、 2階部 451-600mm、 2階超部 600mm超	高	2	
	平家部 0-100mm、 2階部 0-450mm、 2階超部 600mm以下	非常に高	5	
外皮の構成	矩形、L字形、T字形、 くの字形平面で1種類の外装	低	0	
	多角形、曲面形平面で 2種類以下の外装	中	1	矢印形平面など
	多角形、曲面形平面で 他種類の外装	高	3	
	多角形、曲面形平面で 多種類の外装、 かつ屋根−壁取り合いと デッキ取り合いが露出	非常に高	6	出窓、パーゴラ、複数階で 凹凸がある平面

デッキ・バルコニー	なし、1階位置の木製すのこタイプ	低	0	
	屋根付き、または2階または3階位置の木製すのこタイプ	中	2	
	2階位置の手すり壁で囲まれた露出タイプ、または跳ね出しタイプ	高	4	
	3階以上の位置の手すり壁で囲まれた露出タイプ、または跳ね出しタイプ	非常に高	6	

リスク要因とレベルごとにリスク評価点（1〜6）が定められているので、判定結果をリスクスコアとして集計する。この集計表（risk matrix）は建築主が建築確認機関（Building consent authority）に提出する建築確認申請書類に添付される。

リスクスコアの合計が20点未満の計画に対しては、スコアの範囲に応じて示される使用可能な外装材の種別が指示される。また、20点超の計画に対しては設計の変更あるいは特段の措置が求められる。

図Ⅰ-1〜図Ⅰ-3は参考として示されている、3つの異なるファサードの木造住宅について雨水浸入リスクを評価した事例である。

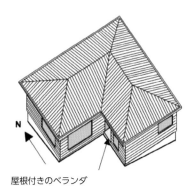

屋根付きのベランダ

判定およびリスクスコア（南壁面）

リスク要因項目	判定	スコア
敷地基準風速	高	1
階数	低	0
屋根・壁取り合い	低	0
軒の出	中	1
外皮構成	低	0
ベランダ・バルコニー	低	0
	合計	2

図Ⅰ-1　評価事例①

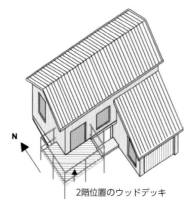

判定およびリスクスコア（南壁面）

リスク要因項目	判定	スコア
敷地基準風速	高	1
階数	中	1
屋根・壁取り合い	非常に高	5
軒の出	高	2
外皮構成	中	1
ベランダ・バルコニー	中	2
	合計	12

2階位置のウッドデッキ

図Ⅰ-2　評価事例②

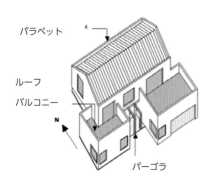

パラペット

ルーフ
バルコニー

パーゴラ

判定およびリスクスコア（南壁面）

リスク要因項目	判定	スコア
敷地基準風速	高	1
階数	中	1
屋根・壁取り合い	非常に高	5
軒の出	非常に高	5
外皮構成	非常に高	6
ベランダ・バルコニー	高	4
	合計	22

図Ⅰ-3　評価事例③

　これらを見比べると、どのような住宅の計画が高リスクと判定される
かがよく分かる。

▶参考文献

Acceptable Solutions and Verification Methods for New Zealand Building Code, Clause E2 External Moisture (Third Edition), Ministry of Business, Innovation and Employment, New Zealand, 2020

資料Ⅱ　住宅外皮の不具合事例

■ 屋根の不具合

●事例1　雨水浸入（片流れ屋根棟部からの漏水）

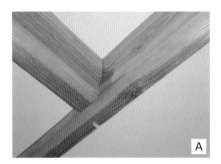

写真Ⅱ-1

　築3年の片流れ屋根（鋼板立平葺き）の棟部分の真下の天井から台風時、室内への雨漏りが発生（A）。小屋裏を確認すると、雨漏り箇所付近の小屋束が雨水で濡れている（B）。雨水は棟部からの伝い水である。棟部は、破風板と唐草水切りの間に隙間があり、5cm程度野地板の裏面が露出していた。台風時、吹き込みで雨水が野地板の裏面を伝わり、小屋裏へと浸水した（C）。

資
料
編

193

●事例2　雨水浸入（天窓と瓦屋根取り合い部からの漏水）

写真Ⅱ-2

　築20年を経過した瓦屋根の天窓。瓦と天窓の段差を排水できるように、エプロンと呼ばれる鉛・アルミ製のカバー材が使用されている (A)。経年劣化で孔が明いていた。天窓下の瓦を取り除くと瓦桟木が腐朽していた (B)。天窓エプロンの孔明きは、雨が降る度に孔から瓦下へ浸水する。瓦桟木の下には、排水経路を確保する縦桟のテープが使用されていたが、頻繁な雨水浸入を完全に排水できず、瓦桟木が含水し、腐朽していた。

● 事例3　雨水浸入（再塗装したスレート屋根）

写真Ⅱ-3

　築30年で塗装を2回行っていたスレート屋根の塗装時に、スレート
の水下側の塗膜を縁切りしなかったために雨漏りした（A）。

　表面側のスレートをはがしてみると、塗装によって矢印部分が下のス
レートと密着していた（B）。縦スリットからスレートの裏面に入った
雨水は排水できず、くぎ孔から伝い水で野地板へ浸水した。前日の雨で
入り込んだ水が流れ出るのが観察された。

　野地板へ浸水した雨水は、野地合板の腐朽・層間はく離を発生させ、
室内へも雨漏りした（C）。縁切りを行わない場合、屋根全面がこのよ
うに雨漏りする特徴がある。

●事例4　結露（屋根断熱の通気層）

写真Ⅱ-4

　屋根断熱と天井断熱を併用した屋根で、屋根断熱部分の野地板と断熱材の間の空間（約30mm）が結露水で濡れていた。棟部にこの空間の排気口が設置されていなかったために発生した（A）。

　対策として、棟に排気孔を設置した。頂部のルーフィングをカットすると、北面の野地板（上下面共）のみ、結露水で濡れていた（B）。南面の野地板は濡れていなかった。

●事例5　結露（天井断熱野地板裏面）

写真Ⅱ-5

　築1年の三方パラペット屋根の小屋裏で発生した結露により、屋根材緊結釘が腐食している（P213、事例1と同じ住宅）。

●事例6　強風による損壊（金属板葺き屋根）

写真Ⅱ-6

　瓦から金属板立平葺きに葺き替えリフォームした直後に台風で垂木から上の屋根面全体が飛散した。垂木と小屋組の緊結不足が原因。屋根の軽量化のために葺き替える場合、垂木と小屋組の下地の留め付けを確認する必要がある。不足している場合は、垂木と母屋、野地板と垂木の間を補強することが重要。

● 事例 7 強風による損壊（瓦葺き屋根）

写真 II -7

　古い瓦屋根で留め付けが不十分だった瓦が台風で飛散した。
　築30年を超える瓦屋根は、平部の瓦は周辺部以外は全部の瓦を留め
付けしていない。大型台風では飛散する恐れがある。令和4年1月1日
から新築は全部の瓦を留め付けるように告示が変更される。

● 事例 8 震害（瓦屋根棟部）

写真 II -8

　大地震では、古い日本瓦屋根の棟部が崩壊する事例が多い。古い棟部
は葺き土の固着力だけで保持されている。令和4年1月1日より新築は、
棟部冠瓦も全数緊結するように告示が改正される。

● 事例9　変色（スレート屋根）

写真Ⅱ-9

　築20年経過したスレート屋根。右側は1度塗装メンテナンスを実施。左側はメンテナンスなし。棟包み板金も同様。スレート、板金などの塗装品は塗膜の紫外線劣化で退色する。また、スレートは表面にコケが生える場合がある。

● 事例10　変色（シングル屋根）

写真Ⅱ-10

　アスファルトシングルはアスファルト表面に着色した砂粒を接着している。この事例では、砂粒が経年で落下して基材が露出している。雨樋の半分程度まではげ落ちた砂粒が堆積している。

●事例11　変色（粘土瓦）

写真Ⅱ-11

　築100年経過した民家の屋根瓦。主に社寺仏閣などで使われている
いぶし瓦の表面は炭素被膜が付着して銀色となっている。経年で銀色の
光沢が減少し、まだらに変色するが、この変色は経年美（エージング）
として扱われ、不具合と見なされないことがある。

●事例12　腐食（折板屋根）

写真Ⅱ-12

　経年した折板屋根に赤さびが発生した例。塗装被膜がチョーキング
した段階で、定期的に塗装メンテナンスを行うと腐食を防ぐことがで
きる。

●事例13　腐食（ステンレス鋼板）

写真Ⅱ-13

　ステンレス鋼板表面に鉄くぎなどの錆びやすい異物が付着、もらい錆が発生した例。異種金属の切り屑も原因となりやすい。

●事例14　腐食（銅板谷板）

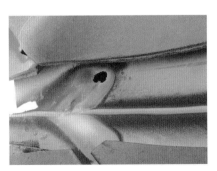

写真Ⅱ-14

　築20年を経過した瓦屋根の銅製谷板金。瓦屋根の雨漏りの原因となった。孔は長年、雨水が流れ落ちた部分が水滴の衝撃で削られて発生した（エロージョン）。

● 事例15　凍害（粘土瓦）

写真Ⅱ-15

　築50年経過した瓦屋根での凍害。赤色の塩焼き瓦の表面が小さくはく離している。また、のし瓦は層状にはく離している。冬季、凍結融解を繰り返すことで、瓦の基材が破壊される現象。

● 事例16　凍害（化粧スレート）

写真Ⅱ-16

　築10年経過した化粧スレートの凍害。スレートの端部は吸水しやすく、冬季、凍結融解を繰り返すことで、スレートが層状にはく離を起こす。北面の軒先部は著しいはく離現象が見られる。

資
料
編

外壁の不具合

● 事例1　雨水浸入（バルコニー掃き出しサッシまわり）

　バルコニー掃き出しサッシまわりの雨水浸入により下地が腐朽していた。

　バルコニー防水よりもサッシ取付を先行していたため、防水立上り上端、サッシ、透湿防水シートが取り合う交点部分から雨水が躯体側へと浸入し、下地材を腐朽させていた。

写真Ⅱ-17

窓まわりから下方の面材に雨水浸入が起きていた。

　サッシまわりの二次防水脆弱部より躯体側へと雨水浸入を許していたことが合板の変色からわかる。室内への浸入が確認されないまま躯体への浸入が繰り返されることで、広範囲にわたる腐朽など、被害が大きくなることもある。

写真Ⅱ-18

●事例3　雨水浸入（サッシ上枠）

　サッシまわりのシーリングにバックアップ材が用いられていたため、二次防水面を流下した浸入雨水を堰き止めてしまい、溜まった浸入水が透湿防水シートの脆弱部から躯体側へと浸入していた（A）。

　サッシまわりについては、片ハットジョイナーを用いることで、雨水を堰き止めるような部分を作らず、かつシーリング材の厚みを均一化することが望ましい。

　また、防水紙（透湿防水シート）に多数のシワが出来ており、このシワ部分が水みちとなることで躯体側へ雨水が浸入していた（B）。

　シワの内部で毛細管現象が起こり、枠に溜った浸入水が上昇してしまう。

写真Ⅱ-19

●事例4　結露（外壁通気層）

　築1年の住宅。壁と軒天の取り合い部のシーリング目地は、片ハットジョイナーで納めるべきところ、バックアップ材で納めたため、胴縁間の通気が阻害されて結露事故が起きた（A）。

　流下した結露水に胴縁に含まれる防腐剤の銅イオンが溶け出し、水切のガルバリウム鋼板との電食によって錆が発生した。

　写真（B）の右側が東面。左側が南面になる。右側の東面のみ錆びているのは、早朝に温度差が生じやすく、結露の頻度が高いからである。

写真Ⅱ-20

資
料
編

●事例5　ひび割れ（モルタル外壁サッシまわり）

　開口部の角部分は、応力が集中し、写真のような斜めひび割れ（クラック）が入りやすい部分。この現場では雨水浸入位置ともなっていた。通気構法でなかったため、ひび割れ部分から雨水が浸入することで、躯体の劣化の原因となる。ひび割れを放置せず早めの補修が必要となる。

写真Ⅱ-21

●事例6　変形（窯業系サイディング）

　サイディング材の変形は、浸入雨水や結露水など、基材裏面から水分の影響を受けて起こることが多いが、躯体の影響なども含め、詳細な調査による確認が必要である。

　このように変形した基材を元に戻すことは不可能であり、張替が必要となる。

写真Ⅱ-22

●事例7 劣化（防水紙）

外壁通気層内に張られる二次防水となる防水紙（透湿防水シート）に著しい劣化が生じていた。シートの防水性を担うフィルム層が劣化により剥離しており、防水性能を有していない状態となっている。原因は施工中の紫外線、施工後の壁内の熱の影響と考えられる。

二次防水の防水性能が担保できなければ、雨水浸入を止めることが不可能となるだけでなく、結露水なども含めて躯体への水の影響を許すことになる。

写真Ⅱ-23

●事例8　劣化（シーリング目地）

　シーリングの経年劣化と、薄層による剥離の事例。

　シーリング材が経年劣化により、目地中央付近に割れが出ている（A）。高耐久として位置づけられているサイディング材が用いられていたが、シーリングには普及品が使用されており、10年程度で劣化してしまっていた。

　シーリングの厚みが薄いと、本来の耐久性が維持できず劣化が早期に進行する（B）。写真のケースは、施工時に巻き込んだ空気により、シーリングが極端に薄くなっていた可能性が高い。

写真Ⅱ-24

●**事例9　汚れ（窯業系サイディング）**

　築数年の別荘で、日当たりの悪い壁面のサイディング表面に、汚れが広範囲に広がっていた（A）。下地骨組の中間部にパターン状に苔やカビの付着による汚れが生じている（B）。パターンができる原因は、熱橋による表面温度差で生じた局部的表面結露と考えられる。（山梨県山間の別荘地）

写真Ⅱ-25

● 事例10　凍害（窯業系サイディング一般部）

　裏面の結露が原因でサイディングの表面に凍害が発生した。通気層がないなどの理由で壁内の通気が不十分であったため発生した結露水がサイディングに吸収され、冬季に凍結融解を繰り返したことが考えられる。

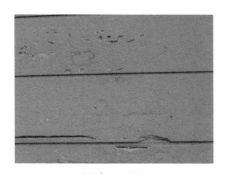

写真Ⅱ-26

（日本窯業外装材協会「不具合はなぜ起こるのか」より転載。写真Ⅱ-27、28も同様）

● 事例11　凍害（窯業系サイディング開口部まわり）

　サッシの上部・下枠端部に接するサイディングに凍害が発生している。上部（A）では、上枠の積雪等で水分が滞留し小口面から吸収されやすく、下枠端部（B、C）ではサッシから排出される水や枠を伝わる水が表面に氷結して凍結融解を繰り返すことで発生したと考えられる。

写真Ⅱ-27

●事例12　凍害（窯業系サイディング下屋取り合い部）

　下屋と取り合う位置のサイディングに凍害が発生している。屋根面とサイディングの隙間が無く、サイディング小口または裏面から融雪水が吸収され、凍結融解を繰り返したためと考えられる。10mm程度の隙間を確保すると共に小口面の防水処理を行うことが重要。

写真Ⅱ-28

バルコニー・パラペットの不具合

●事例1　雨漏り（パラペット笠木）

写真Ⅱ-29

　築一年の西日本の三方パラペットの住宅（A）で、パラペットの天端に、ガルバリウム鋼板製の板金笠木を脳天くぎ打ち留めしたため、釘孔から雨水が浸入し、手すり壁の含水率上昇と、鋼板の腐食を招いた（B）。表面処理鋼板の裏面は耐久性が劣るので注意が必要。

●事例2　結露と劣化（パラペット内部）

写真Ⅱ-30

　事例1と同じ住宅のパラペット。通気層が天端で閉塞されていた（A）ため、内部に結露が発生（B）し、2階部分を躯体から交換する事態を招いた。

　また、入隅部では、通気胴縁が入隅部で密着し、通気経路がないため劣化が促進された（C）。入隅は日陰になって相対湿度が上がりやすく、通風環境も悪く湿気がたまりやすい部位。特に通気層の入隅部では、通気経路の確保が重要。

●事例3　劣化（バルコニー手すり壁サイディング）

写真Ⅱ-31

　バルコニー手すり壁のサイディング表面に欠けがが生じ、露出した基材面にコケが発生している。欠けの原因は凍害と考えられる。壁体内部の通気が不十分で、発生した結露によりサイディングが高含水状態になったためと推測される。

資
料
編

木部の劣化

●事例1　腐朽（外壁軸組部材）

写真Ⅱ-32

　外壁の内部で、雨漏りや結露によって水分が発生・滞留しやすい部位では腐朽が発生しやすい。高気密・高断熱の住宅建築で、乾燥が不十分な木材を用いた場合にも腐朽が発生する。

資
料
編

● 事例2　腐朽（床組部材）

写真Ⅱ-33

　2階のふろ場からの漏水によって下階の腐朽が発生した事例。

　住宅における腐朽は、雨漏りや結露によるものが多いが、設備からの漏水にも注意が必要である。

●事例3　シロアリ被害（床下）

写真Ⅱ-34

　シロアリは、床下の土壌から礎石や布基礎の表面や木部内部に蟻道を構築しながら這い上がり床組みや柱などを食害する（A）。

　床下から這い上がってきたシロアリは、土台、大引、根太などの床組みを食害する（B）（C）。

　断熱材はシロアリの餌にはならないが、行動範囲をひろげるために食害する。また断熱材内部はシロアリにとって生息しやすい環境となっている。

●事例4　シロアリ被害（外壁、上階床）

写真Ⅱ-35

　シロアリは大壁内部で木部を這い上がることもある。コロニーを拡大する過程では乾燥した部材でも食害する（A）。

　風呂場（1階）で蟻害が発生すると、直上の2階床組みにまで拡大する場合がある（B）。

●事例5　シロアリ被害（基礎断熱）

写真Ⅱ-36

　基礎の外張り断熱施工では、土中から布基礎の外側をシロアリが這い上がり構造部材を食害する。床下からも外観からも気づきにくい。

換気・通気部材
（通気水切り・通気ジョイナー類を除く）

資料Ⅲ

性能・仕様

●性能

1. 換気性能

   部材の有効開口面積の合計が設置位置に求められる有効換気面積の基準値を満たすこと。有効開口面積は空気の流れに直角方向に計測した最小見付け面積による。

2. 防雨性能

   1分間あたり散水量4L/m²、風速20m～35mでの漏水実験に合格すること。防雨性能を確保する主な方法として、通気経路を迷路状にしたものと積層中空部材（ハニカム材）を使用するものがある。

3. 防火性能

   使用地域に応じて所定の防火試験に合格すること。ファイアーストップ機能を付与する方法として熱膨張材や石膏ボード等を使用したものがある。

4. 対積雪性能

   使用地域の積雪状況に応じて積雪荷重に耐えられること。雪が直接入りにくいこと。粉雪状のパウダースノー対策として、ハニカム部材を使用したものがある。

●仕様

1．材質
ガルバリウム鋼板・ステンレス鋼板が主流。

2．板厚
0.27mm～0.4mmの薄物が主流、0.5mm－1.2mmの厚物の製品もある。

3．塗膜
アクリル樹脂系・ポリエステル樹脂系・フッ素樹脂系が主流。

資
料
編

設置位置と種類

●棟換気部材

　棟と一体になった換気部材。換気棟とも呼ぶ。陸棟、隅棟に設置する。
化粧スレート・金属板・シングル・瓦等の屋根材用がある。

　形状は、両流れタイプ・片流れタイプ・下屋根タイプに分かれる。換
気量が大きい高換気量型と一般型があり、積雪地向けの換気口に積雪カ
バーを装着できるタイプや、防火対策で熱膨張材等が装着されているタ
イプの商品もある。

　同一形状の一般棟用役物も用意されている。

　屋根断熱時に、垂木間毎に換気棟を設置した場合、換気棟同士の間が
狭く漏水事故につながる可能性もあるため、そのギャップを埋めるため
のジョイントカバーもある。

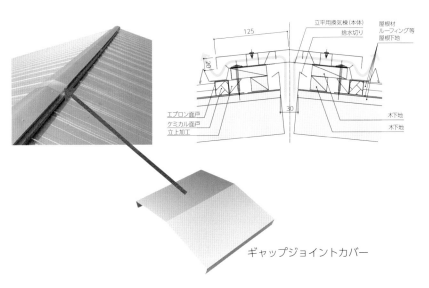

ギャップジョイントカバー

図Ⅲ-1　立平用換気棟

写真Ⅲ-1　立平用片流れ換気棟

写真Ⅲ-2　化粧スレート用換気棟

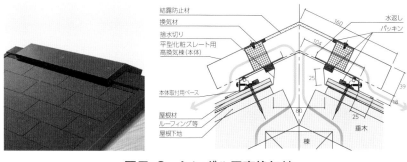

結露防止材
換気材
捨水切り
平型化粧スレート用
高換気棟(本体)

本体取付用ベース

屋根材
ルーフィング等
屋根下地

水返し
パッキン

160
104
25
39
18
80
25
垂木
棟

図Ⅲ-2　シングル用高換気棟

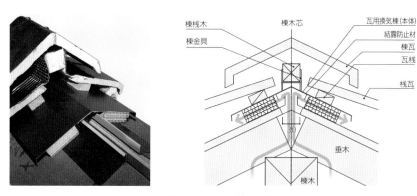

棟桟木
棟金具

棟木芯

瓦用換気棟(本体)
結露防止材
棟瓦
瓦桟
桟瓦

30
垂木
棟木

図Ⅲ-3　瓦下換気棟

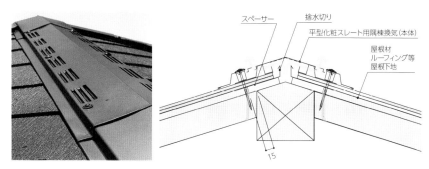

スペーサー

捨水切り
平型化粧スレート用隅棟換気(本体)
屋根材
ルーフィング等
屋根下地

15

図Ⅲ-4　隅棟換気棟

資

料

編

225

●換気塔

　屋根面に突出した塔状の換気部材。排気量が大きく取れるのがメリット。

　北米では多く使われるが、雨量の多い日本では雨仕舞の難易度が高く、採用率はあまり高くない。

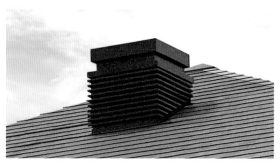

写真Ⅲ-3　換気塔

●屋根面換気部材

　小屋裏の空気を屋根面から排出する換気部材。

　瓦屋根用のものは、瓦と下地の間の隙間に納める。スレート屋根用のものは屋根表面に設置する。

　棟で空気を抜くことができない方形屋根などに使われることが多いが、意匠と雨仕舞の面から、隅棟から排気する隅棟換気棟が増えている（P225）。

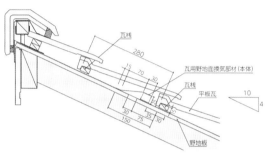

瓦桟
280
瓦用野地面換気部材（本体）
15　70　30
瓦桟
平板瓦
10
4
30　35　35　30
150　75

野地板

図Ⅲ-5　瓦用野地面換気部材

写真Ⅲ-4　化粧スレート用屋根面換気部材

●外壁上部換気部材

外壁通気層の空気を上部から外部または小屋裏に排出する換気部材。

外壁と軒天井の間に設ける通気見切りと、軒の出が無い場合に小屋裏から排気する部材がある。

通気見切りには、通気口が壁面と面一で納まるものと出っ張っているものがある。また、防雨機能が付加されたものとされていないものがある。

通気層から小屋裏へ直接入気する通気部材は、リスクの高い軒ゼロ妻側の防水性が高く、外壁面に開口がないので準防火地域で求められる事が多い準耐火45分の性能認定が不必要になる。

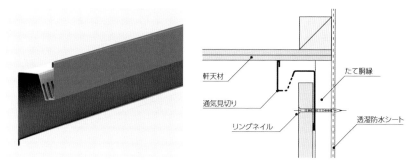

軒天材
通気見切り
リングネイル
たて胴縁
透湿防水シート

図Ⅲ-6　通常の通気見切り

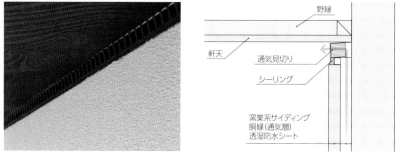

野縁
軒天
通気見切り
シーリング
窯業系サイディング
胴縁(通気層)
透湿防水シート

図Ⅲ-7　防雨型の通気見切り（小屋裏連通無）

※図示の唐草水切りは特注品

垂木

面材　胴縁　窯業系サイディング

要止水処理

9　15　23　22

45

0.5

12

43

55

図Ⅲ-8　防雨型の通気見切り（小屋裏連通型）

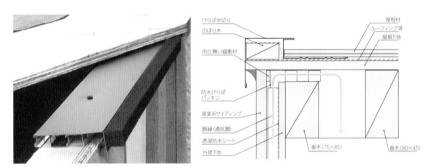

けらば水切り
のぼり木
雨仕舞い緩衝材
防水けらば
パッキン
窯業系サイディング
胴縁（通気層）
透湿防水シート
外壁下地

屋根材
ルーフィング等
屋根下地

垂木(75×45)　　垂木(90×45)

図Ⅲ-9　通気層から小屋裏へ直接入気する通気部材

●軒天井換気部材

軒天井面に設ける小屋裏換気部材。

有孔板（窯業系ボード、パンチングメタル）、スポット形状の開口部材、ライン形状の開口部材がある。

軒の出、軒天井の勾配、あらわしにするかしないかなどによっても使用する部材が変わる。

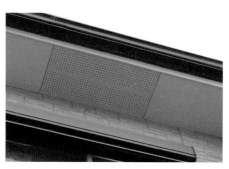

写真Ⅲ-5　有孔板張り

写真Ⅲ-6　スポット形状の軒天井換気部材

図Ⅲ-10　ライン形状の軒天井換気部材（壁側）

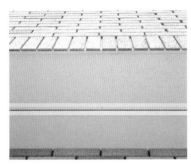
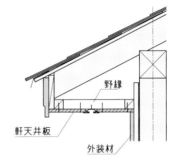

野縁

軒天井板

外装材

図Ⅲ-11　ライン形状の軒天井換気部材（中央部）

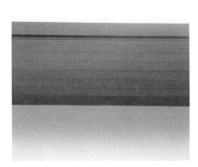
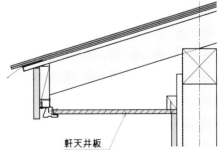

軒天井板

図Ⅲ-12　ライン形状の軒天井換気部材（軒先側）

資　料　編

●軒先換気部材

　主に軒ゼロ屋根などで、軒先から小屋裏に吸気するために設置される換気部材。

　外壁面と野地板の出を調整できるタイプとできないタイプがある。軒天井がある住宅にも使用することができる。

　狭小敷地での軒天施工は難易度が高く、屋根工事業と大工、壁工事業の取り合い部の工事が、狭い空間で干渉すると事故原因になることがある。

　軒先換気部材を用いて屋根と壁を直結する納まりには、取り合い箇所が減り、事故リスクが低くなる面もある。

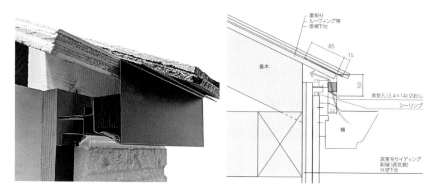

図Ⅲ-13　軒先換気部材（出寸法調節機能付）ハニカム材

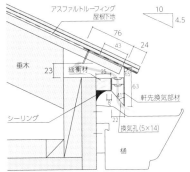

図Ⅲ-14　軒先換気部材　迷路状

●外壁面材通気部材

　パラペットやバルコニー手すり壁内の空気を通気層に排出するため、面材に設ける通気部材。

　壁内の劣化環境を改善し、バルコニー床下空間の換気経路を形成するのに有用である

壁内空気の移動経路

図Ⅲ-15　外壁面材通気部材

●笠木下換気部材

外壁通気層の排気口として笠木下に設置する換気部材。

雨水の浸入を防ぎながら空気を排出する機能が求められる。

パラペットなどの板金笠木用とバルコニー手すり壁のアルミ笠木用の2つがある。また、防雨機構としてハニカム材を使用するものと、迷路形状にしたものがある。

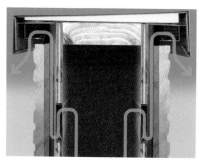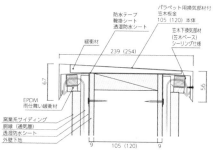

図Ⅲ-16 笠木下換気部材（板金笠木）ハニカム材

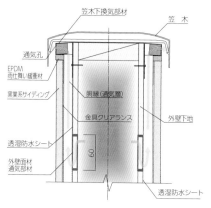

図Ⅲ-17 笠木下換気部材（アルミ笠木）ハニカム材

資料編

bar

234

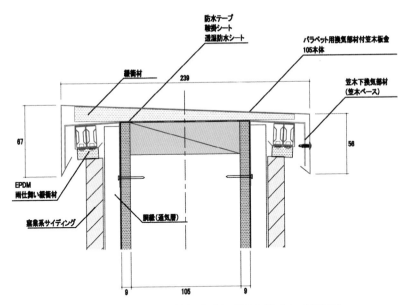

図Ⅲ-18　笠木下換気部材（板金笠木）迷路状

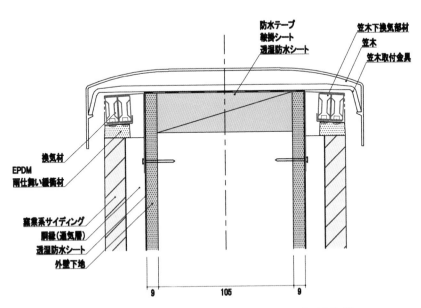

図Ⅲ-19　笠木下換気部材（アルミ笠木）迷路状

●床下換気部材

建築基準法等で義務付けられた、床下空間の換気のための部材。基礎換気口用のカバー金物、ねこ土台として基礎と土台の間に設置するパッキン材（基礎用パッキン）等。

後者は基礎パッキンや土台パッキンとも呼ばれている。材質は金属と樹脂、形状はアンカーボルト位置に設置し、間から換気する個別設置タイプと、通気スリットの付いた連続タイプがある。

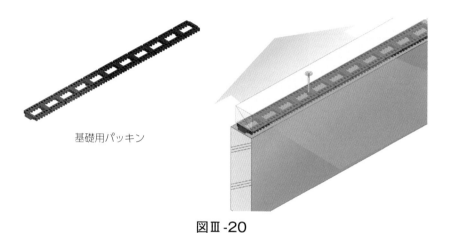

基礎用パッキン

図Ⅲ-20

執筆者一覧 (五十音順)

浅見　英昭
旭トステム外装株式会社　商品開発部　工法グループ
グループリーダー

石川　廣三
東海大学名誉教授　工学博士
一般社団法人住まいの屋根換気壁通気研究会　理事

岩前　篤
近畿大学建築学部長　教授　博士（工学）
一般社団法人住まいの屋根換気壁通気研究会　理事

長村　貞治
株式会社ミサワホーム総合研究所
テクノロジーセンター　材料・耐久研究室主任研究員

大西　祥史
株式会社ハウゼコ
商品開発部　部長

笠原　康弘
シャープ化学工業株式会社　西日本営業部　課長

神谷　昭範
株式会社神清　常務取締役

神戸　睦史
株式会社ハウゼコ　代表取締役社長
一般社団法人住まいの屋根換気壁通気研究会　理事長

久保田仁司
有限会社第一浜名建装　代表取締役

坂本　雄三
東京大学名誉教授　工学博士
前国立研究開発法人建築研究所　理事長
一般社団法人住まいの屋根換気壁通気研究会　理事

手塚　泰夫
住宅保証機構株式会社
技術部　部長

中野　要
日本ベルックス株式会社
営業推進室　室長

平岡　克康
旭・デュポンフラッシュスパンプロダクツ株式会社
応用技術グループ　課長

藤井　義久
京都大学教授　農学博士

■増田　悦宏　田島ルーフィング株式会社　住建営業部　住建企画課
　　　　　　　住建テクノサービス　課長代理

■松尾　和也　株式会社松尾設計室　代表
　　　　　　　一般社団法人住まいの屋根換気壁通気研究会　理事

■宮村　雅史　国土交通省　国土技術政策総合研究所
　　　　　　　建築研究部　構造基準研究室　主任研究官

■山中　豊茂　株式会社山中製作所　代表取締役社長
　　　　　　　一般社団法人　日本建築材料協会　専務理事
　　　　　　　近畿メタルラス工業組合　理事長／ラスシート工業会　会長

後悔しない住まいづくり

住まいの耐久性 大百科事典 II

2021年7月10日　初版　第1刷発行

編　者　一般社団法人 住まいの屋根換気壁通気研究会
発行所　株式会社カナリアコミュニケーションズ
　　　　〒141-0031　東京都品川区西五反田1-17-1
　　　　第二東栄ビル701
　　　　TEL 03-5436-9701　　FAX 03-4332-2342
　　　　http://www.canaria-book.com

編　集　株式会社オフィス福永
デザイン　Do Planning
印　刷　株式会社クリード

© 2021 hauseco Inc. Printed in Japan
ISBN978-4-7782-0476-1